DE KERNKWALITEITEN VAN HET ENNEAGRAM

De *Kernkwaliteiten* van het *Enneagram*

Daniel Ofman
Rita van der Weck-Capitein

SCRIPTUM MANAGEMENT

De foto's zijn afkomstig uit de negen video-impressies op de cd-rom *De Kernkwaliteiten van het Enneagram*

    TEKST EN SPEL Jur van der Lecq
    SPELREGIE Henk Hofman
    GRIME Cynthia van der Linden
    KOSTUUMS Vera de Jong
    PRODUCTIE EN BEGELEIDING Marc van Seters

Eerste druk augustus 2000
Tweede druk januari 2001
Derde druk juli 2001
Vierde druk november 2002
Vijfde druk maart 2003
Zesde druk november 2003
Zevende druk juni 2004
Achtste druk februari 2005
Negende druk, maart 2006
Tiende druk, juli 2007
Elfde druk, juni 2009
Twaalfde druk, april 2012
Dertiende druk, januari 2015

© 2000 Daniel Ofman en Rita van der Weck

Niets uit deze uitgave mag worden verveelvoudigd en/ of openbaar gemaakt door middel van druk, fotokopie, microfilm, geluidsband, elektronisch of op welke andere wijze ook en evenmin in een retrieval system worden opgeslagen zonder voorafgaande schriftelijke toestemming van de uitgever.

ISBN 978 90 5594 190 2 / NUR 801

Inhoudsopgave

Voorwoord Daniel Ofman 9
Voorwoord Rita van der Weck-Capitein 13
INLEIDING 17
Enneagramtypes 17 – Centra 20 – Vleugels 28 – Pijlen 29 – Kernkwaliteiten 31

TYPE ÉÉN De Perfectionist 39
Globale beschrijving van een één 41 – Gedetailleerde beschrijving van een één 42 – Kernkwaliteiten van een één 45 Minder gezonde kanten van een één 45 – Vleugels van een één 46 – Een één op zijn best 46 – Kernkwadranten en pijlbewegingen van een één 48

TYPE TWEE De Helper 49
Globale beschrijving van een twee 51 – Gedetailleerde beschrijving van een twee 52 – Kernkwaliteiten van een twee 55 – Minder gezonde kanten van een twee 55 – Vleugels van een twee 56 – Een twee op zijn best 56 – Kernkwadranten en pijlbewegingen van een twee 58

TYPE DRIE De Presteerder 59
Globale beschrijving van een drie 61 – Gedetailleerde beschrijving van een drie 62 – Kernkwaliteiten van een drie

65 – *Minder gezonde kanten van een drie* 65 – *Vleugels van een drie* 66 – *Een drie op zijn best* 67 – *Kernkwadranten en pijlbewegingen van een drie* 68

TYPE VIER De Individualist 69

Globale beschrijving van een vier 71 – *Gedetailleerde beschrijving van een vier* 72 – *Kernkwaliteiten van een vier* 75 – *Minder gezonde kanten van een vier* 75 – *Vleugels van een vier* 77 – *Een vier op zijn best* 77 – *Kernkwadranten en pijlbewegingen van een vier* 79

TYPE VIJF De Observeerder 81

Globale beschrijving van een vijf 83 – *Gedetailleerde beschrijving van een vijf* 84 – *Kernkwaliteiten van een vijf* 87 Minder gezonde kanten van een vijf* 87 – *Vleugels van een vijf* 89 – *Een vijf op zijn best* 89 – *Kernkwadranten en pijlbewegingen van een vijf* 91

TYPE ZES De Loyalist 93

Globale beschrijving van een zes 95 – *Gedetailleerde beschrijving van een zes* 96 – *Kernkwaliteiten van een zes* 99 *Minder gezonde kanten van een zes* 99 – *Vleugels van een zes* 101 – *Een zes op zijn best* 101 – *Kernkwadranten en pijlbewegingen van een zes* 103

TYPE ZEVEN De Optimist 105

Globale beschrijving van een zeven 107 – *Gedetailleerde beschrijving van een zeven* 107 – *Kernkwaliteiten van een zeven* 110 – *Minder gezonde kanten van een zeven* 110 – *Vleugels van een zeven* 112 – *Een zeven op zijn best* 112 – *Kernkwadranten en pijlbewegingen van een zeven* 114

TYPE ACHT De Leider 115

Globale beschrijving van een acht 117 – *Gedetailleerde beschrijving van een acht* 118 – *Kernkwaliteiten van een acht* 122 – *Minder gezonde kanten van een acht* 122 – *Vleugels van een acht* 124 – *Een acht op zijn best* 124 – *Kernkwadranten en pijlbewegingen van een acht* 126

TYPE NEGEN De Bemiddelaar 127

Globale beschrijving van een negen 129 – *Gedetailleerde beschrijving van een negen* 130 – *Kernkwaliteiten van een negen* 133 – *Minder gezonde kanten van een negen* 133 – *Vleugels van een negen* 135 – *Een negen op zijn best* 135 – *Kernkwadranten en pijlbewegingen van een negen* 137

Test 141

Ontwikkelingsplannen 152

Gras 162

Bijlage: Kernkwaliteiten en vervormingen 165

De cd-rom: De kernkwaliteiten van het enneagram 173

Contactadressen 175

ANYWAY

People are unreasonable, illogical and selfcentered
Love them anyway
If you do good, people will accuse you of selfish, ulterior motives
Do good anyway
If you are successful, you will attract false friends and true enemies
Succeed anyway
The good you do will be forgotten tomorrow
Do good anyway
Honesty and frankness make you vulnerable
Be honest and frank anyway
What you spend years building may be destroyed overnight
Build anyway
People really need help, but may attack you if you help them
Help people anyway
Give the world the best you have and you'll get kicked in the teeth
Give the world the best you've got – anyway

Uit *A simple Path*, citaat op de muur van Shishu Bhavan, Mother Theresa's kindertehuis in Calcutta

Voorwoord Daniel Ofman

'Weet je wat jij zou moeten doen? Je zou samen met Rita van der Weck een CD-ROM over het Enneagram en Kernkwaliteiten moeten maken.' 'Waar heb je het over,' vroeg ik. 'Wie is Rita en wat moet ik met het enneagram?' Het was tegen de Kerst van 1998 en ik gaf een voordracht bij een bank waar Theo van der Meent op dat moment werkzaam was. Het was mijn laatste werkdag van dat jaar.

Theo is een merkwaardige vogel. Sinds ik hem voor het eerst in 1983 tegen kwam, kruisen onze paden elkaar regelmatig, dat wil zeggen zo om de paar jaar. Zo had hij mij halverwege de jaren negentig al eens aangemoedigd om een CD-ROM over kernkwaliteiten te maken. Die is er ook gekomen. En nu kwam ik hem weer tegen en begon hij over het enneagram. Ik kende het enneagram al tientallen jaren, maar mijn afkeer van voorgeprogrammeerde modellen had mij ervan weerhouden om me er echt in te verdiepen. Maar omdat het toch de laatste activiteit van het jaar was en het sowieso moeilijk is om 'nee' tegen iemand als Theo te zeggen, antwoordde ik enigszins afwezig: 'Dat's goed.'

En zo ontmoette ik in februari 1999 Rita en via haar het enneagram. Om nou te zeggen dat ik meteen gegrepen was door het enneagram is overdreven, maar de ontmoeting met Rita, Theo en Marc van Seters, die ik had gevraagd, was bijzonder inspirerend. Vier totaal verschillende mensen die ik nooit bij elkaar zou brengen, maar die wonderbaarlijk op elkaar aansloten, genereerden samen een dusdanige energie dat we besloten verder te gaan.

Al gauw bleek dat we tezamen iets moois zouden kunnen bewerkstelligen en begonnen we de mogelijkheden te verkennen. Daarmee was mijn belangstelling voor het enneagram wakker geworden. En zoals gezegd, ik heb het niet zo met modellen waarin je een vragenlijst invult, die resulteert in een analyse, die je vertelt hoe je bent. Ik heb er zoveel gezien en uitgeprobeerd, variërend van stijlen van leidinggeven (Hersey en Blanchard), leerstijlen (Kolb), conflictstijlen (Thomas en Killman), leiderschapsstijlen (Wilson Learning), interactiestijlen (Leary) en de Meyers Briggs Type Indicator, dat ik me begin af te vragen wat dit nu werkelijk bijdraagt aan de ontwikkeling van mensen.

Voor mij is reflectie waar het om gaat. Vragenlijsten nodigen je uit te reageren en niet te reflecteren. Dus ik was nogal sceptisch, vooral toen ik bij het invullen van de vragenlijsten mijzelf maar matig herkende. Toch intrigeerde het enneagram mij dermate dat ik me erin begon te verdiepen. Al onderzoekende begon ik mijn vooroordelen los te laten en de rijkdom te ontdekken die in het model verscholen ligt. Zo ontstond het idee om een CD-ROM te maken die je helpt een persoonlijk ontwikkelingsplan te schrijven gebaseerd op het enneagram en kernkwaliteiten. En daar hoort ook een boek bij.

Het doel van dit boek is je bewuster te maken van wat je drijft, waarom je de dingen doet die je doet. Wanneer je dit verhaal doorloopt, heb je een redelijke indicatie van je enneagramtype. Hoewel het handig is te weten wat je enneatype is, is dat niet primair ons doel. Belangrijker zijn antwoorden op de vragen: wat kun je doen met de kennis van je enneagramtype en die van de andere types? Hoe kom je los van je automatische piloot? Wat kun je doen met je vrije wil? Hoe kun je jezelf vrijmaken?

De opbeurende paradox van het enneagram is dat als je de moeilijke dingen van jezelf onder ogen ziet en ze toelaat in je leven, je ervan wordt bevrijd. Als je ook van de eigenschappen die je niet in jezelf waardeert houdt, kunnen ze veranderen. Ieder mens is uniek. Jij bent uniek, je behoeften zijn uniek en de manier waarop jij daar uiting aan geeft is uniek.

Wanneer dit boek je een stapje op weg kan helpen om je bewuster te maken van wie je werkelijk bent diep van binnen, dan is ons eerste doel bereikt.

Ons tweede doel is om dit bewustzijn om te zetten in concrete actiestappen, want de wereld zit niet te wachten op mensen die zich bewust geworden zijn van wie ze zijn en wat hun kernkwaliteiten zijn. De wereld heeft behoefte aan mensen die dit bewustzijn aan kunnen wenden ten bate van hun omgeving, die concrete stappen kunnen nemen waar hun omgeving ook iets van merkt. Anders gezegd: de wereld heeft behoefte aan mensen die wakker geworden zijn om hun bijdrage te leveren aan de ontwikkeling van deze planeet. In mijn eerste boek *Bezieling en Kwaliteit in Organisaties** staat op de eerste bladzijde wat Howard Thurmon (minister) ooit zei:

> *Don't ask what the world needs.*
> *Rather ask what makes you come alive;*
> *then go and do it!*
> *Because what the world needs*
> *is people who have come alive.*

Moge dit boek je helpen tot leven te komen en je eigen weg te vinden.

Daniel Ofman

Bussum, lente 2000

---

* *Bezieling en kwaliteit in organisaties*, D.D. Ofman, Servire 1992

Voorwoord Rita van der Weck-Capitein

Vanaf mijn jeugd stel ik me vragen als: wie ben ik? Waarvoor ben ik hier? Waar gaat het allemaal om en waarom doe ik de dingen die ik doe? Mijn zoektocht werd in de loop van mijn volwassen leven alleen maar intensiever. Alle trainingen en cursussen op het gebied van persoonlijke en zakelijke ontplooiing gaven ontbrekende puzzelstukjes. Alleen, deze stukjes bleven maar terechtkomen in een steeds groter, onbekender geheel. Totdat ik het enneagram leerde kennen.

Er ging een nieuwe wereld voor me open. Dankzij het enneagram leerde ik mijn eigen reacties beter begrijpen, kreeg ik meer zicht op wat me dreef en wie ik was. Het enneagram beschrijft negen repeterende patronen van denken, voelen en doen. Om te kunnen ontsnappen uit de gevangenis van deze vaste patronen, moet je eerst weten wat je gevangen houdt. Het enneagram laat je de weg zien naar een ruimer perspectief van meer vrijere keuzes. Het enneagram maakt je ervan bewust hoe je je aandacht richt en deze soms fixeert. En nog belangrijker, je leert zien waar je geen aandacht aan besteedt en waar je wel aandacht aan zou kunnen besteden.

Het enneagram heeft me veel over mezelf en anderen geleerd. En dat doet het nog steeds. Jezelf zien zoals je bent, zonder oordeel. Kijken naar je irritaties, angsten, overdrijvingen en naar de dingen die je voor jezelf en anderen verstopt. Wat een vrijheid om niets te hoeven verbergen voor jezelf, niets te ontkennen. Dat geeft rust en kracht tegelijk. Ik heb ook gemerkt dat de dingen van mezelf die ik niet waardeer, mijn beste kwaliteiten kunnen zijn. Ze zijn gewoon iets te sterk ontwikkeld. Vandaar dat ik zo enthousiast ben over de combinatie van het enneagram met het kernkwadrant van Daniel.

Het enneagram is niet alleen waardevol voor persoonlijke ontwikkeling. Ook in organisaties bewijzen de inzichten een enorme waarde. Ik heb vele teambuildingsessies geleid met het enneagram als bewustwordingsmodel. Resultaat is dat er binnen een team meer openheid, ruimte en begrip ontstaat voor elkaar. De samenwerking verbetert doordat mensen met een glimlach leren kijken naar hun automatische patronen. De lijm die de patronen vasthoudt kan dan loslaten. Elke keer weer is het een boeiend proces. Daarom hoop ik dat het enneagram zich in het bedrijfsleven nog verder zal ontwikkelen tot een instrument om wederzijds respect te vergroten en samenwerkingsrelaties te verbeteren. Bewustzijn van de verschillende persoonlijkheden in een team kan veel ellende voorkomen en betere resultaten voor het bedrijf bewerkstelligen.

Dat brengt me bij mijn eigen ervaring van het afgelopen jaar met Daniel, Marc en Theo. Alle vier zijn we anders en op onze eigen manier gedreven. Ook wij gingen door een groeiproces. Soms waren we op ons best. Energie stroomde en creatieve ideeën kwamen vanuit het niets. Een andere keer gingen dingen stroever. En al wilden we het niet, ook wij vielen in valkuilen van irritatie, ongeduld en kritiek. Het enneagram en het kernkwadrant waren natuurlijk in ons proces ook aan het werk! Mede daardoor kreeg plezier altijd weer snel de overhand.

Het is nu een jaar later. Het product is klaar, het proces ten einde of juist aan het begin. Ik wens iedereen die het proces op welke manier ook doorloopt veel herkenning en inzicht. En bedenk: alleen jij kunt de uitwerking van de kernkwaliteiten van het enneagram op jezelf bepalen. Want bewuste en onbewuste weerstanden in jezelf en de mate waarin je bereid bent op jezelf te reflecteren en daardoor te groeien, bepalen de bij jou teweeggebrachte reactie. Veel succes en plezier.

Rita van der Weck-Capitein

Oudenbosch, lente 2000

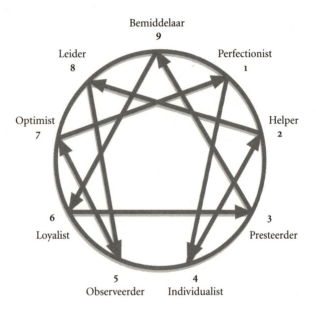

Inleiding

Enneagramtypes

Het enneagram is een eeuwenoud model dat in het Grieks letterlijk 'negen' (ennea) en 'punt' (gramma) betekent. Het is een dynamische cirkel die negen persoonlijkheidstypes en hun onderlinge interacties beschrijft. Elk type heeft zijn eigen strategie die succes geeft, maar ook beperkingen met zich meebrengt; negen patronen van denken, voelen en handelen. Het is een levend model, want in de negenpuntige ster zijn de punten 3 – 9 – 6 door een gelijkzijdige driehoek door middel van pijlen met elkaar verbonden. De overige punten 1 – 4 – 2 – 8 – 5 – 7 vormen door de pijlen een hexagoon. Het is niet helemaal duidelijk waar het enneagram precies vandaan komt. Er wordt aangenomen dat het een paar duizend jaren geleden is ontstaan in het Midden-Oosten. De inzichten werden mondeling van generatie op generatie overgedragen. Bekend is in ieder geval dat het al eeuwen gebruikt wordt door spirituele scholen in een religieuze context voor spirituele ontwikkeling. Tegenwoordig bewijst het enneagram zijn waarde ook op gebieden als psychologie, bedrijfsleven, relaties en opvoeding.

Wanneer iemand kennismaakt met de negen basispersoonlijkheden zal hij* aanvankelijk in elk getal wel iets van zichzelf terugvinden. De negen types kunnen opgevat worden als negen gloeilampjes. Alle lampjes branden, alleen één brandt het felst. Dat is het basistype.

Een basistype ontstaat al op hele jonge leeftijd. Vanaf de geboorte begint ieder mens geestelijk gedachten, gebeurtenissen en gevoelens op te merken. Deze onbewuste gevoelens en gedachten gaan alle kanten uit. De ratio werkt nog niet en om met de werkelijkheid te kunnen omgaan, kiest iedereen onbewust een overlevingsstrategie. Ter bescherming bouwt men allerlei mechanismen om de kernkwaliteiten heen. Zo begint elk mens een aangeleerde persoonlijkheid op te bouwen en naarmate hij ouder wordt, beginnen door opvoeders en de maatschappij bijgebrachte waarden, beperkingen en schuldgevoelens door te dringen. Idealen worden verinnerlijkt en vermijdingsstrategieën toegepast om vervelende gevoelens niet (meer) te ervaren. Overtuigingen stapelen zich op overtuigingen. Zo worden vaste patronen ontwikkeld wanneer iemand merkt dat deze voor hem werken. Wanneer iemand bijvoorbeeld in de gaten krijgt dat het loont om sterk te zijn, kiest deze een andere strategie dan een kind dat merkt dat het de liefde van zijn verzorgers krijgt door aardig te zijn. Men ontwikkelt onbewust een strategie die op de aangeboren mogelijkheden is gebaseerd en die ook sterk beïnvloed wordt door de genen, de opvoeding en de cultuur.

---

* Voor de leesbaarheid van de tekst hebben de auteurs ervoor gekozen overal waar 'hij of zij' wordt bedoeld, alleen 'hij' te schrijven. Vanzelfsprekend is alle tekst in dit boekje voor zowel mannelijke als vrouwelijke lezers bestemd.

Tegen de tijd dat iemand volwassen is, is hij er goed in geworden zijn angsten, behoeften en verlangens te verbergen. Hij heeft er een gewoonte van gemaakt zichzelf te beschermen. Problemen kunnen ontstaan wanneer iemand tegenover zichzelf doet alsof hij niet is zoals hij is. Het moment dat je je bewust wordt waarom je de dingen doet zoals je doet, is het begin van een boeiend transformatieproces. Het enneagram is daarbij een waardevol en trefzeker hulpmiddel, omdat het doordringt tot het niveau van de – veelal onbewuste – mentale en emotionele drijfveren. Drijfveren die iemand diep van binnenuit aansturen om de dingen te doen die hij doet. Ieder mens wordt gedreven door een bepaalde kernmotivatie. Daarvan zijn er negen hoofdgroepen die tevens de negen basistypes vormen waaruit het enneagram is opgebouwd:

1 De *Perfectionist* wil goed zijn en de dingen verbeteren
2 De *Helper* wil geliefd zijn en waarde toevoegen
3 De *Presteerder* wil zich waardevol en geaccepteerd voelen
4 De *Individualist* wil begrijpen wie hij is en zichzelf uitdrukken
5 De *Waarnemer* wil de wereld om zich heen begrijpen en competent zijn
6 De *Loyalist* wil zekerheid en veiligheid
7 De *Optimist* wil blij, gelukkig en tevreden zijn
8 De *Leider* wil zichzelf beschermen door sterk en vol zelfvertrouwen te zijn
9 De *Bemiddelaar* wil in eenheid en harmonie met anderen leven.

Centra

We staan allen in verbinding met de wereld door ons instinct, ons voelen en ons denken. Dat betekent dat we het leven op vele verschillende manieren ervaren. Toch kun je globaal spreken van drie vormen van bewustzijn: fysiek, emotioneel en mentaal. We hebben allemaal toegang tot alle drie. Echter, ieder van ons heeft, als een resultaat van onze eigen persoonlijkheid, een voorkeur voor een van de drie. De negen persoonlijkheden van het enneagram worden verdeeld in deze drie groepen, ook wel de 'centra' genoemd. Elk mens heeft in een van de drie centra zijn zwaartepunt. In het centrum dat iemand het meest ontwikkeld heeft ligt zijn sterke kant en tegelijkertijd ook zijn valkuil. Wanneer een van de drie centra overheerst wordt de harmonie verbroken.

De VIJF, ZES en ZEVEN zijn de denktypes in het hoofdcentrum. Elk van deze drie persoonlijkheden ervaart de wereld als een overweldigende, angstige of beperkende plaats. Hun energie lijkt zich naar binnen te richten: de VIJF isoleert zichzelf in zijn denken, de ZES trekt zich voorzichtig terug voordat hij óf ontsnapt aan een mogelijk gevaar óf zich er juist instort. De ZEVEN trekt zich terug van huidig commitment en activiteiten in zijn voortdurende zoektocht naar nieuwe prikkels.

Mensen uit het gevoelscentrum (TWEE, DRIE en VIER) worden ook wel de 'hartmensen' genoemd, omdat het hart traditioneel gezien wordt als de zetel van de emoties. De energie van deze drie types gaat naar anderen toe om gevoelens te kunnen peilen. De TWEE wil liefde, de DRIE bewondering en de VIER wil begrepen worden.

In het buikcentrum (ACHT, NEGEN en ÉÉN) ervaren de mensen – wanneer een situatie zich voordoet – eerst lichaamssensaties voordat zij in staat zijn te denken of te voelen. Deze sensaties worden vaak in de buikstreek gevoeld. De energie van deze buiktypes is de energie om ergens stelling tegen te nemen. Deze manifesteert zich bij de ACHT in agressiviteit, bij de NEGEN in koppigheid en een kritisch perfectionisme bij de ÉÉN.

Hoofd – het intellectuele centrum
Het hoofdcentrum is de zetel van de mentale intelligentie. Het hoofdcentrum heeft met ons denken te maken. Op het hoofd gerichte types zijn geneigd het leven via hun denken te benaderen. Ze hebben een levendige verbeelding en een sterk vermogen om denkbeelden te analyseren en met elkaar in verband te brengen.

In elke situatie zetten hoofdtypes als het ware eerst een stap terug om na te denken en alles te overzien. Ze moeten zich eerst oriënteren en over de dingen nadenken. Pas dan komen voelen en handelen aan de orde. Ze ervaren het leven via mentale indrukken. Ze hebben behoefte aan een logisch systeem, waarin de dingen zin en betekenis hebben. Daarbinnen kunnen zij dan alles onderbrengen en orde scheppen in wat chaotisch is of lijkt. Zij hebben de neiging alles letterlijk te nemen. Ze benaderen het leven op een afwachtende manier; eerst aandachtig luisteren en denken, en pas dan doen; zoals een soloviolist, die eerst aandachtig naar het or-

Vanuit het hoofdcentrum zegt iemand:

Ik ben geïnteresseerd in denken, berekenen en het maken van afwegingen.

Ik geloof dat er een basisorde is in het leven.

In nieuwe situaties neem ik het liefst eerst afstand om na te denken voordat ik handel.

Ik heb de neiging te denken dat er altijd meer informatie te weten is.

Ik neem aan dat als ik me ergens van bewust ben, anderen dat ook zijn.

Ik heb de neiging hard te werken om meer te weten.

Ik ben bang niet genoeg te weten, zodat ik of vragen stel of stil ben.

Wanneer ik in een nieuwe situatie ben, ben ik voorzichtig totdat ik weet waar ik aan toe ben.

Ik ben vaak bang om over dingen te praten waar ik niet zeker van ben.

Ik voel me vaak meer op m'n gemak bij mensen die hetzelfde denken als ik.

Ik heb de neiging verstrikt te raken in het overwegen van eindeloze mogelijkheden.

Ik heb de drang om naar de betekenis van alles te zoeken.

Ik ben tevreden in mijn innerlijke wereld, en wanneer ik deze verlaat weet ik dat ik er altijd naar kan terugkeren.

Het is voor mij makkelijk mijn lichaam te vergeten wanneer ik in beslag word genomen door mijn wereld van ideeën.

Ik voel me op mijn gemak in een wereld van gedachten en ideeën.

Informatie is essentieel voor mij om voorbereid te zijn.

Ik hoef niets te doen met wat ik leer.

Ik heb meer vragen dan ik ooit zou stellen.

Soms weet ik niet zeker of ik moet wachten of tot actie moet overgaan.

Hoe meer informatie ik heb, hoe zekerder ik me voel.

kest luistert om de juiste maat en het tempo te bepalen, en pas dan begint te spelen. Het belangrijkste aspect is het bereiken van een objectieve visie. Ze hebben een grote binnenwereld vol gedachten, plannen, dromen en angsten. Hoofdtypes kennen vaak sterke emoties, maar uiten deze moeilijk.

De primaire emotie is angst en de primaire gedachte is achterdocht.

Hart – het emotionele centrum
Het hartcentrum is de zetel van de emotionele intelligentie. In het hartcentrum ervaren we emoties: de woordeloze sensaties die ons vertellen hoe we ons voelen, in tegenstelling tot onze mening over iets. Op het hart gerichte types bewegen zich door de wereld via relaties. Ze hebben andermans behoeften en stemmingen snel door en reageren daarop (bewust of onbewust).

Harttypes ervaren hun intuïtieve indrukken via hun emoties. Het zijn vaak mensen die druk bezig en beweeglijk zijn, ook in hun gebaren. Zij zijn sterk op de wereld rondom hen gericht. Voor hen is het belangrijk anderen te begrijpen en er voor anderen te zijn. In dit centrum draait het om gevoel, emoties en relaties. De weg naar buiten is hen op het lijf geschreven. Ze reageren op prikkels en signalen, die op hen afkomen en op beoordelingen of verwachtingen van buiten. Je kunt ze vergelijken met een viool, waarvan de snaren bespeeld worden door het leven. Goedkeuring van anderen is voor hen van belang. Omdat ze geneigd zijn zich aan te passen aan de behoeften van anderen

Vanuit het hartcentrum zegt iemand:

Ik ben geïnteresseerd in gevoelens, emoties en relaties.

Ik heb de neiging me onrustig te voelen wanneer ik niets te doen heb.

Vaak weet ik niet wat ik voel.

Ik ben me ervan bewust welke indruk ik op anderen maak.

Het is belangrijk voor mij er goed uit te zien in de ogen van anderen.

Ik heb de neiging mezelf te vergelijken met anderen.

Ik voel me niet gemakkelijk wanneer ik geen taak heb om uit te voeren.

Het leven is een netwerk van relaties.

Ik kijk soms naar anderen voor aanwijzingen die me vertellen hoe ik het doe.

Ik vind het fijn wanneer anderen opmerken hoe goed ik het doe.

Ik heb de neiging vooruit te denken over het volgende dat ik moet doen.

Ik vind het leuk anderen te helpen door hen met de juiste mensen in contact te brengen.

Ik word graag gezien als iemand die een verschil maakt.

Het is belangrijk voor mij me verbonden te voelen met andere mensen.

Wanneer ik iets leer, denk ik erover na hoe ik dat zou kunnen gebruiken.

Ik heb de neiging overal projecten van te maken.

Ik denk soms dat ik mijn lichaam kan laten doen wat ik wil.

Ik moet weg van mijn gebruikelijke omgeving om rustiger aan te doen.

Iets binnenin me vertelt me soms dat ik me niet kan meten aan anderen.

Ik herken verwarring in mijn leven.

of in te spelen op wat anderen graag van hen zien, is het soms moeilijk (voor henzelf en voor anderen) om te weten wat authentiek is en wat een nabootsing is in hun gedrag. Imago speelt een grote rol.

De primaire emotie is verdriet en de primaire gedachte is verwarring.

Buik – het motorische centrum
Het buikcentrum is de zetel van onze intuïtieve intelligentie waar we ons lichamelijk 'zijn' gewaarworden, in tegenstelling tot ons denken en voelen. Via dit centrum ervaren we onszelf lichamelijk ten opzichte van de mensen en onze omgeving. Het is de bron van onze energie en geeft ons de kracht om in de fysieke omgeving actief te zijn.

Buiktypes nemen vooral waar via hun lichaam. Ze reageren instinctief, snel en direct en worden vaak meegesleept door hun onmiddellijke reactie. Zich goed voelen is belangrijk. Wat ze voelen bepaalt in hoge mate hun handelen en denken. Ze hebben er moeite mee zich aan bestaande patronen te conformeren en bepalen de maat van de muziek het liefste zelf. Geduld is niet hun sterkste kant. Macht en controle spelen – soms onbewust – een grote rol. Ze willen weten wie het voor het zeggen heeft. Afhankelijk zijn van anderen is moeilijk. Ze verdedigen hun territorium. Eerlijkheid en rechtvaardigheid staan hoog in het vaandel. Zelf nemen ze echter makkelijk het recht in eigen hand.

De primaire emotie is kwaadheid en de primaire gedachte is zelfverdoving.

Vanuit het buikcentrum zegt iemand:

Ik ben geïnteresseerd in veiligheid, instinctieve reacties en het zijn.

Wanneer ik iets intens beleef, kan ik er helemaal in opgaan.

Een van de ergste dingen die me kan overkomen is iets tekort te komen.

Ik weet meestal onmiddellijk of ik iets leuk vind of niet.

Ik vecht alleen voor iets dat voor mij waarde heeft.

Ik voel aan wie de macht heeft in een bepaalde situatie.

Meestal voel ik wanneer iets niet klopt.

Niets dat de moeite waard is, komt zonder moeite.

Ik ben mijn lichaam.

Ik heb de neiging iets in morele overwegingen te zien: is het goed of slecht?

Ik houd ervan dat mensen duidelijk zijn.

Wanneer mijn emoties opkomen, ben ik bang de controle te verliezen.

Kwetsbaar zijn betekent voor mij iemand de controle over mij geven.

Wanneer ik iemand ontmoet beslis ik of ik wel of geen energie aan hem wil besteden.

Ik heb de neiging dingen te ontkennen totdat ik ze verschillende malen heb gehoord.

Ik zorg er meestal wel voor dat ik meester blijf over elke situatie.

Ik heb het idee dat het leven een gevecht is.

Als mijn gevoelens te sterk worden, ben ik bang dat ik erdoor meegesleurd word.

Ik wijk niet snel terug en ik vind het belangrijk macht en invloed te hebben.

Hoofdmensen zijn zich weinig bewust van hun lichaam. Hartmensen hebben in het algemeen problemen met het logisch analyseren van hun emoties en buikmensen met het ervaren en uitdrukken van hun emoties.

Dat brengt ons op een interessant startpunt. Door het centrum te zien als onderdeel van een cirkelvormig wandelpad, kan iemand met de klok mee harmonie scheppen in zijn leven. Visualiseer een cirkelvormig wandelpad dat toegankelijk is voor alle drie de centra. Net zoals het voor ons makkelijker is om vooruit dan achteruit te lopen, is het makkelijker in een met de klokmeegaande beweging de cirkel te doorlopen. Dan volgt daaruit:

- Hoofdmensen denken eerst, voelen dan en doen het laatst.
- Hartmensen voelen eerst, doen dan en denken het laatst.
- Buikmensen doen eerst, denken dan en voelen het laatst.

Het draait om harmonie tussen de drie centra en globaal gesproken ligt de ontwikkeling in het scheppen van balans. Voor de drie centra geldt:

- hoofdcentrum: balans ontwikkelen tussen denken en doen (buikcentrum).
- hartcentrum: balans ontwikkelen tussen voelen en denken (hoofdcentrum).
- buikcentrum: balans ontwikkelen tussen doen en voelen (hartcentrum).

Vleugels

Niemand is een puur enneagramtype: iedereen is een unieke mix van zijn basistype en de vleugels. De vleugels kleuren het enneagramtype in. Zij liggen direct links en rechts van het eigen enneagramgetal. Het feit dat je als enneagramtype twee vleugels hebt, biedt hulp bij het vinden van je eigen enneagramgetal. Als je pas met het enneagram begint, schommel je vaak tussen twee of drie getallen heen en weer die vlak naast elkaar liggen: je enneagramtype en je vleugels.

Er bestaat een aantal theorieën over hoe de vleugels van je type functioneren. Over het algemeen geldt dat de meesten van ons een dominante vleugel hebben ontwikkeld. Echter, er zijn ook enneagramtypes met sterke invloeden van beide vleugels of types die nauwelijks beïnvloed worden door hun vleugels. Het kan zelfs zo zijn dat je vleugelpartner zo sterk ontwikkeld is dat de kenmerken van deze vleugel soms sterker naar voren komen dan die van je basistype. Eens te meer het bewijs dat we allemaal uniek zijn.

Je kunt je vleugel zien als het subtype van je basistype. Als je naar je eigen persoonlijkheid kijkt, herken je misschien dat je vaker naar de ene dan naar de andere neigt. Door de beïnvloeding van je vleugel, zul je veel van deze eigenschappen herkennen. Zo zal een TWEE met een ÉÉN-vleugel veel van de Perfectionist herkennen. Alleen, nooit echt zo puur als een Perfectionist door het leven gaat.

Wil je inzicht in je vleugelkenmerken, lees dan allereerst de beschrijving van de twee enneagramgetallen direct links en rechts van je type. Met welke voel je je het meest of het minst verbonden? Of heb je sterke kenmerken van beide? Observeer jezelf en je patronen objectief en eerlijk, en lees dan hoe de vleugels nuances aanbrengen in de enneagramtypes.

Pijlen

Als je naar het enneagram kijkt is elk type met twee andere enneagramgetallen verbonden door een pijl. De lijnen (pijlen) verbinden eerst de punten 9 – 6 – 3 – 9 en vervolgens 1 – 4 – 2 – 8 – 5 – 7 – 1 met elkaar. Elk enneagramtype heeft twee partners. Deze hebben een verschillende werking op je persoonlijkheid. De meesten van ons hebben een patroon waar we het liefst onze toevlucht in zoeken als we onder druk staan. Het is goed om te weten wat jouw patronen zijn. Bewustzijn van je patronen, kan je helpen – wanneer je dat wilt – andere keuzes te maken.

Onder druk, als je niet goed in je vel zit, ga je bijna als vanzelf met de richting van de pijlen mee en schiet je naar je ene pijlpartner, je stresspunt. De neiging bestaat dan om de negatieve eigenschappen van dit enneagramgetal uit te leven. Als je je goed voelt, ga je tegen de stroom van de pijlbeweging in naar je andere pijlpartner, je ontspanningspunt. Het toewerken naar dit ontspanningspunt is uiteraard niet zo makkelijk als naar het stresspunt. Daar zijn bewustzijn en geduld voor nodig. Door je bewust te zijn van je ontspanningspunt kun je de positieve eigenschappen van dit enneagramtype toelaten en dan zul je vele nieuwe mogelijkheden en talenten in jezelf ontdekken.

Beweging bij spanning

De beweging bij spanning voor ieder type loopt via de volgorde van de nummer 1–4–2–8–5–7–1. Dit betekent dus dat typen in hun gemiddelde tot ongezonde staat enkele van de gemiddelde of ongezonde gedragingen van hun type van spanning gaan vertonen.

Bijvoorbeeld, een gemiddelde tot ongezonde Perfectionist zal enkele gemiddelde tot ongezonde gedragingen van de VIER laten zien, horen of voelen. Een gemiddelde tot ongezonde Helper zal enkele gemiddelde tot ongezonde eigenschappen van de ACHT vertonen, enzovoorts.

Op de gelijkzijdige driehoek is de volgorde bij spanning 9–6–3–9. Een gemiddeld tot ongezonde NEGEN zal zich soms gedragen als een gemiddeld tot ongezonde ZES en een gemiddeld tot ongezonde ZES kan de minder positieve eigenschappen van de DRIE overnemen en een DRIE weer van de NEGEN.

Beweging bij ontspanning

De beweging bij ontspanning is voor ieder type tegenovergesteld aan die van spanning. Bij ontspanning is de beweging 1–7–5–8–2–4–1.

Als hij ontspannen is gaat de Perfectionist gezonde eigenschappen van de ZEVEN vertonen, een ontspannen ZEVEN krijgt toegang tot de positieve eigenschappen van de VIJF, de VIJF van de ACHT, enzovoorts totdat de cirkel zich weer sluit (of opent) bij de VIER die in ontspanning naar de ÉÉN gaat.

Op de gelijkzijdige driehoek is de volgorde 9–3–6–9: een ontspannen NEGEN krijgt toegang tot de positieve eigenschappen van de DRIE, een DRIE gaat naar de ZES en deze op zijn beurt weer naar de NEGEN.

De invloeden van de bewegingen bij ontspanning en spanning zijn, ongeacht je persoonlijkheidstype, belangrijk. Wanneer je dus weet welk basistype je bent, kun je uitzoeken door welke andere enneagramgetallen je wordt beïnvloed. Om een volledig beeld van jezelf te krijgen kun je de eigenschappen van je basistype, je vleugel(s) en de bewegingen bij ontspanning en spanning in je observatie meenemen.

Immers, in stressvolle situaties komen er andere emoties naar boven dan in periodes waarin je je gelukkig en zelfverzekerd voelt. Kijk eens welke pijlbewegingen je kunt herkennen. Sta er eens bij stil hoe je persoonlijkheid verandert als je je heel goed, gelukkig en ontspannen voelt. En natuurlijk de tegenovergestelde situatie, als het je niet goed gaat en je je bijvoorbeeld boos of ongelukkig voelt. Hoe verander je dan?

Kernkwaliteiten

Kernkwaliteiten zijn eigenschappen die tot het wezen (de kern) van een type behoren. Zo kun je bij elk enneagramtype een aantal kernkwaliteiten onderscheiden. Kernkwaliteiten 'kleuren' een mens; het is de specifieke sterkte waar we bij iemand direct aan denken. Voorbeelden van kernkwaliteiten zijn daadkracht, zorgzaamheid, zorgvuldigheid, ontvankelijkheid, ordelijkheid, invoelingsvermogen, enzovoorts. Een kernkwaliteit is te herkennen aan iemands bijzondere vaardigheid waarover hij zelf zegt: 'Dat kan toch iedereen.'

Een kernkwaliteit is altijd potentieel aanwezig. Je kunt een kernkwaliteit niet naar believen aan- of uitzetten, je kunt hem wel verborgen houden. Het onderscheid tussen kwaliteiten en gedrag zit vooral in het feit dat kwaliteiten van binnenuit komen en gedrag aangeleerd is. Gedrag is dus aan te leren, kwaliteiten kun je ontwikkelen. Hoe duidelijker het beeld dat we van onze kernkwaliteiten hebben, hoe bewuster we die kunnen laten dóórstralen in het werk.

Zoals er geen licht kan zijn zonder donker, zo ook heeft iedere kernkwaliteit een zon- en een schaduwkant. De schaduwkant wordt ook wel de vervorming genoemd. De vervorming is niet het tegenovergestelde van de kernkwaliteit (zoals actief het tegenovergestelde van passief is en krachtig het tegenovergestelde van zwak). De vervorming is wat een kernkwaliteit wordt als die te ver doorschiet. Zo kan een kernkwaliteit 'behulpzaamheid' doorschieten in 'bemoeizucht'. Dan wordt de kracht van een enneagramtype de zwakte.

In de volksmond heet dat dan 'te veel van het goede' en dat drukt het precies uit. Iemand die te zorgvuldig is loopt het risico pietluttig te worden. Zo kan aanpassingsvermogen doorschieten en ervaren worden als wispelturigheid. Dat zal de flexibele persoon dan ook regelmatig als verwijt naar zijn hoofd geslingerd krijgen.

De vervorming van iemands kernkwaliteit is tevens zijn 'valkuil'. De valkuil is datgene wat de desbetreffende persoon dikwijls als etiket opgeplakt krijgt. Dan wordt de persoon met de kwaliteit daadkracht verweten dat hij niet zo drammerig moet zijn. Of dat nu terecht is of niet, de valkuil hoort gewoon bij de kernkwaliteit. Ze zijn onlosmakelijk met elkaar verbonden bij elk enneagramtype.

Met de bijbehorende valkuil krijgt de persoon bij zijn kernkwaliteit ook zijn 'uitdaging'. De uitdaging is de positief tegenovergestelde kwaliteit van de valkuil. De positief tegenovergestelde kwaliteit van drammerigheid is bijvoorbeeld zoiets als geduld of terughoudendheid. Met andere woorden, bij de valkuil 'drammerigheid' hoort de uitdaging 'geduld'. Zoals in de figuur duidelijk wordt, zijn de kernkwaliteit en de uitdaging elkaars aanvullende kwaliteiten.

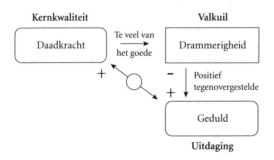

Waar het om gaat, is de balans te vinden tussen daadkracht en geduld. Wanneer deze balans te ver overhelt naar daadkracht, dan is de kans aanwezig dat deze daadkracht doorschiet in drammerigheid. Met andere woorden om te voorkomen dat men in zijn valkuil terechtkomt, is het raadzaam om de uitdaging te ontwikkelen. Ook dat geldt voor elk van de negen enneagramtypes.

Balans aanbrengen betekent denken in termen van 'en–en', niet 'of–of'. De kunst voor deze persoon is zowel daadkrachtig als geduldig te zijn, tegelijk. Dus het gaat er niet om minder daadkrachtig te worden, omdat je anders het risico loopt te gaan drammen; het gaat om geduldige daadkracht. Iemand die geduldig daadkrachtig is loopt geen risico meer dat hij gaat drammen; dat is een logisch gevolg van het feit dat beide kwaliteiten twee zijden zijn van één medaille. Vaak ligt de moeilijkheid in het feit, dat de betrokkene niet in staat is te zien hoe deze twee kwaliteiten samen kunnen gaan, dat wil zeggen voor hem is het een kwestie van óf daadkracht óf geduld. Voor hem zijn beide kwaliteiten eerder tegenstellingen dan aanvullingen.

Zoals reeds eerder gezegd is uit iemands kernkwaliteit ook vaak af te leiden waar de potentiële conflicten met de omgeving te verwachten zijn. Die hebben vaak te maken met zijn uitdaging. Het probleem is namelijk dat de doorsneemens allergisch blijkt te zijn voor te veel van zijn uitdaging, vooral als hij die in een ander verpersoonlijkt vindt. Zo zal de daadkrachtige persoon de neiging hebben om over de rooie te gaan wanneer hij in een ander geconfronteerd wordt met passiviteit. Hij is allergisch voor passiviteit omdat passiviteit te veel van zijn uitdaging (= geduld) is. Hij weet zich daar vaak geen raad mee.

Hoe meer men in een ander met zijn eigen allergie geconfronteerd wordt, des te groter is de kans dat men in zijn valkuil terechtkomt. De persoon met de kernkwaliteit 'daadkracht' loopt dan het risico nog harder te gaan drammen, terwijl hij de ander verwijt passief te zijn, enzovoorts. Met andere woorden: als men zijn allergie in een ander tegenkomt, ligt de valkuil op de loer. Dus wat iemand het meest kwetsbaar maakt is niet zijn valkuil, maar zijn allergie, want het is vooral de allergie die iemand in zijn valkuil drijft.

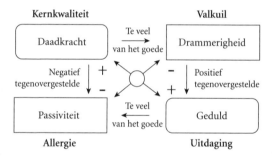

Kernkwadrant

Het kernkwadrant is niet alleen een hulpmiddel om kernkwaliteiten en uitdagingen bij jezelf en anderen te ontdekken. Wat het kernkwadrant je ook laat zien, is dat het wel eens zo kan zijn je het meest kunt leren van die mensen aan wie je de meeste hekel hebt (allergisch voor bent), of anders gezegd: 'Waar je allergisch voor bent bij een ander, is waarschijnlijk te veel van iets goods, dat jij zelf juist het meest nodig hebt. Dus je kunt het meest leren van diegenen met wie je het moeilijkst om kunt gaan.'

Elk enneagram type heeft een aantal specifieke kwaliteiten. De meest in het oog springende zijn de volgende:

1 De Perfectionist: zelfdiscipline, betrouwbaarheid, ordelijkheid, idealisme
2 De Helper: behulpzaamheid, relatiegevoeligheid, enthousiasme, tact
3 De Presteerder: gedrevenheid, doelgerichtheid, optimisme, besluitvaardigheid
4 De Individualist: zelfbeschouwend, medelevendheid, fijngevoeligheid, gepassioneerdheid
5 De Observeerder: scherpzinnigheid, onafhankelijkheid, beschouwen, kalmte
6 De Loyalist: alertheid, loyaliteit, serieusheid, verantwoordelijkheid
7 De Optimist: spontaniteit, charme, luchthartigheid, nieuwsgierigheid
8 De Leider: strijdlust, directheid, gezag, moed
9 De Bemiddelaar: rust, verdraagzaamheid, ontvankelijkheid, behoedzaamheid.

In een kernkwadrant wordt ook zichtbaar hoe een persoon geneigd is om op stress of onder druk te reageren. In eerste instantie zal de druk of spanning ertoe leiden dat hij vaker teveel van het goede naar buiten zal brengen, met andere woorden, in zijn valkuil zal schieten. Wordt de druk nog groter, dan zal hij de neiging hebben om (plotseling) in zijn allergie te schieten en deze uit te gaan leven. Dat zijn van die momenten waarop de omgeving iemand niet meer herkent. Het gedrag dat hij of zij dan vertoont is voor de omgeving zo ongewoon dat er onbegrip ontstaat. Iemand die 'normaal' gesproken juist heel moedig is, een grote besluitvaardigheid heeft en door de omgeving als energiek ervaren wordt zal in eerste instantie iets te moedig worden en vervolgens onder stress zich aarzelend en besluiteloos gaan gedragen.

Uit het enneagram is af te lezen wat de verschillende types onder stress geneigd zijn te doen en hoe het ene type onder stress geneigd is om via de pijlbeweging de valkuil van een ander type aan te nemen.

Dat geldt ook in het geval een type goed in zijn vel zit en zich ontwikkelt. Wanneer hij zo meer in balans komt zal hij de neiging hebben om de kernkwaliteit van een ander type aan te nemen.

Op deze manier zijn meerdere kernkwadranten aan elkaar te koppelen, zodat inzicht ontstaat in de onderlinge beïnvloeding van de verschillende types.

Type één
De Perfectionist

*T*erwijl anderen zich zorgeloos over kunnen geven aan de klankkleur van het totale orkest gaan bij mij al heel snel mijn haren overeind staan omdat in mijn oren alleen de missers op de voorgrond treden.
Het vervelende is dat ik in mijn hoofd precies weet hoe zo'n partituur zou moeten klinken. Dat is juist zo irritant.
Iets is goed of iets is fout en daar zit wat mij betreft niets tussen in. En als het goed is kan het waarschijnlijk altijd beter.

Type ❶ De Perfectionist

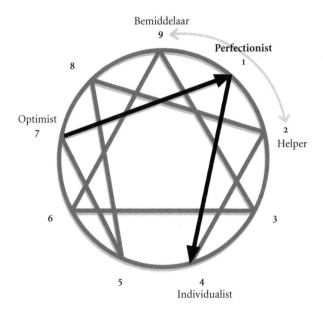

Globale beschrijving van een één

Ik heb een sterk besef van wat goed en wat fout is. Mijn oog valt direct op dingen die verbeterd kunnen worden. Ik heb meteen door wat er verkeerd gaat en weet wat er nodig is om dat recht te zetten. Ik doe de dingen met de grootst mogelijke zorgvuldigheid en misschien daarom kan ik het moeilijk verdragen wanneer anderen er met de pet naar gooien. Sommigen vinden me kritisch. Dat ben ik ook en nog het ergste naar mezelf. Ook kan ik nogal betweterig overkomen. Dat is niet mijn bedoeling, maar ik weet gewoon hoe de dingen het beste gedaan kunnen worden.

Gedetailleerde beschrijving van een één
Als ik mezelf zou moeten omschrijven, zou ik eerst vertellen hoe belangrijk ik het vind de dingen goed te doen. Ik heb een soort innerlijke drive om te verbeteren. Ik zie direct wanneer iets niet goed is. En iets is goed of het is het niet, er zit niets tussen. Noem me maar de eeuwige perfectionist. Ik voel aan hoe dingen zouden moeten zijn. Mijn probleem is dat ik moeilijk kan accepteren dat mensen en situaties vaak niet zijn zoals ze zouden moeten zijn. Ik loop steeds op tegen het onvolmaakte in het leven van anderen en vooral in mezelf. Dat irriteert me. Ik moet mijn irritatie voor me houden, want ik vind het vervelend als iemand aan me ziet dat ik boos ben. Vroeger heb ik nou eenmaal geleerd dat ik aardig en goed moet zijn. Daarom wil ik alles wat er aan irritaties, spanningen en emoties in mij leeft onder controle houden. Ik ben bang dat als ik dat niet doe, ik er de macht over verlies.

Ik ben kritisch, voor mezelf en anderen. Ik stel hoge eisen, het kan altijd beter. In mij huist een innerlijk stemmetje dat me steeds weer zegt dat het nog niet goed genoeg is. Een stemmetje dat alles en iedereen bekritiseert, vooral mezelf. Ik ben vaak in gesprek met deze stem over hoe het is en hoe het zou moeten zijn.

Onduidelijkheid kan ik niet accepteren. Vergeven is moeilijk voor mij. Ik kan hard worden als mensen hun taak slordig uitvoeren of de kantjes ervan aflopen. Ook kan ik streng overkomen en iedereen vertellen hoe het moet.

Ik ben niet echt een sociaal type. Ik vind mensen fijn, maar ik kan me niet zo goed aanpassen en moet er moeite voor doen om sociaal te zijn en open te staan voor een ander.

Het woordje 'moeten' speelt een grote rol in mijn leven. Ik zit vol met 'het zou moeten'. Als ik geloof dat iets zo moet, dan moet het ook zo en niet anders. Dat leidt ertoe, dat ik me vaak druk maak, dingen regel, verbeteringen aanbreng. De zaken maar even op zijn beloop laten, kan ik moeilijk.

In mijn levensvisie ga ik er van uit dat er één juiste manier is om de dingen te doen en deze wil ik graag aan anderen leren. De belangrijkste waarden waar ik voor sta zijn integriteit en eerlijkheid. Mijn overtuiging is dat wat je doet, je goed moet doen. In mijn gedachten spelen steeds de vragen: wat is correct en wat niet; wat is eerlijk en wat oneerlijk? Mijn zelfbeeld is dat ik gelijk heb.

Mijn primaire drijfveer is dat ik goed wil zijn en de dingen verbeteren. Mijn secundaire drijfveren leiden ertoe dat ik steeds zal trachten:
– kritiek te voorkomen en onvolmaaktheid uit de weg gaan
– ernaar te streven me volmaakt te voelen en naar het ideale te streven
– anderen fair te behandelen en de wereld te verbeteren
– alles onder controle te hebben, zodat er geen fouten gemaakt worden en ik nergens beschuldigd van kan worden.

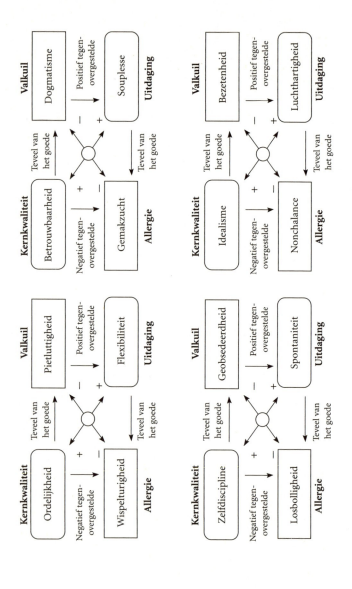

Mijn angst is dat er iets mis is met me en dat ik niet oké ben. Vandaar dat ik er naar verlang om goed, ja zelfs perfect te zijn. Ik focus daarom op de correcte uitvoering van taken en de kwaliteit van het werk. De kleur die het best bij mij past is zilver (koel, nuchter, helder).

Als leiderschapsstijl spreekt de Stabilisator mij het meeste aan.

Geen wonder dat ze mij naast perfectionist ook wel hervormer, verbeteraar, volbrenger of rechter noemen.

Kernkwaliteiten van een één

Positieve eigenschappen van mij zijn: serieus, verantwoordelijk, toegewijd, rechtvaardig, principieel, eerlijk, betrouwbaar, zelfgedisciplineerd, georganiseerd, ordelijk, consciëntieus, idealistisch, productief, redelijk, weloverwogen, loyaal, ethisch. Mijn kernkwaliteiten zijn: zelfdiscipline, betrouwbaarheid, ordelijkheid, idealisme.

Minder gezonde kanten van een één

De minder positieve eigenschappen van een ÉÉN zijn dat hij te kritisch is, veeleisend, stijf, formeel en ongeduldig. Hij is allergisch voor incompetentie en onrechtvaardige kritiek. Hij 'moet' veel, kan te serieus zijn, star en predikend, zelfs moraliserend of intolerant. Woede en gramschap zijn nogal eens voelbaar onder zijn perfectionisme. Wat hij vermijdt is zijn boosheid te laten zien. Waar hij dwangmatig in kan zijn, is zijn perfectionisme. Zijn verdedigingsmechanisme is reactieformatie. Dat betekent dat hij een andere reactie 'formeert'. Wanneer hij bijvoorbeeld ergernis ervaart, vindt er in hem een innerlijke censuur plaats waardoor deze gevoelens worden onderdrukt. Perfecte mensen mogen tenslotte niet boos zijn. Voor hem is dat de manier geworden om zijn woede niet rechtstreeks te uiten en zich op een andere manier af te reageren. Dit verdedigingsmechanisme voorkomt dat de ÉÉN zich bewust wordt van onvolkomenheid, imperfectie.

Wanneer de Perfectionist onder druk staat en gestrest raakt, heeft hij de neiging de minder positieve eigenschappen van de VIER te vertonen. Hij kan humeurig, klagerig, dramatisch, terneergeslagen, depressief en labiel worden. Hij zal gemakkelijk anderen veroordelen die niet volgens zijn idealen leven. Het tegengif dat hem het meest zal helpen om ingesleten patronen te doorbreken, is sereniteit.

Vleugels van een één

Een Perfectionist met een ontwikkelde TWEE-vleugel is waarschijnlijk warmer, behulpzamer, kritischer en dominanter. Een Perfectionist met een meer ontwikkelde NEGEN-vleugel is vaak wat meer gericht op harmonie, is objectiever, meer ontspannen en neemt wat gemakkelijker afstand.

Een één op zijn best

Wat een Perfectionist een gevoel van vervulling geeft is als iets lukt of is zoals het zou moeten zijn. In ontspanning heeft de Perfectionist toegang tot de positieve eigenschappen van de Optimist. Er ontstaat meer acceptatie van imperfectie. Dat maakt de Perfectionist relaxter, optimistischer, spontaner en extraverter.

In zijn werk kan hij tegen zichzelf zeggen: Ik ben oké, ook al ben ik niet perfect. Hij neemt zichzelf en situaties niet zo serieus. Hij komt in contact met zijn spontane kant en laat de dingen meer op hun beloop dan dat hij ze wil beheersen. Dat betekent dat hij flexibeler wordt en zich makkelijker aanpast aan veranderingen in de omgeving.

Op zijn best waardeert de Perfectionist de talenten van zijn medewerkers en stimuleert hij saamhorigheidsgevoel onder zijn teamleden door ervoor te zorgen dat zij voldoen aan de standaarden en dat zij correct werken volgens vastgestelde procedures. Competente medewerkers met de vereiste technische kennis mogen beslissingen nemen op hun eigen gebied van expertise. Zolang de teamleden koersen en regels volgen, is de Perfectionist geneigd verantwoordelijkheden uit handen te geven en de touwtjes te laten vieren. Hij heeft geleerd beter met zijn irritatie en boosheid om te gaan en deze uit te spreken in plaats van op te bouwen. Ook heeft hij meer contact met zijn emoties en met de dingen die hij wil in plaats van moet.

Een gezonde ÉÉN is zich ervan bewust geworden dat er meer manieren zijn dan de enige juiste.

Kernkwadranten en pijlbewegingen van een één

De relaties die een ÉÉN heeft met zijn pijlbewegingen kunnen in de volgende drie kernkwadranten worden samengevat.

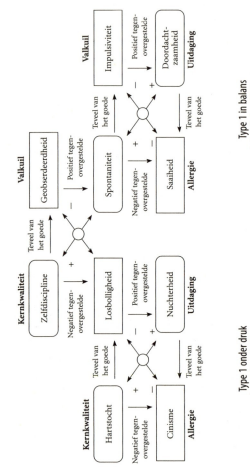

De Helper
Type twee

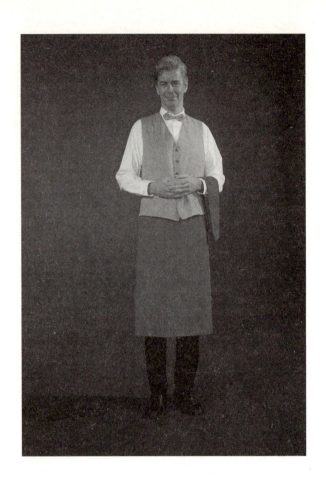

M ijn streven is dat een klant als het ware de mens achter de ober te zien krijgt. Ik lijk soms net een sociaal werker. Weet u dat er klanten zijn die alleen voor mij naar de zaak komen? Een groter compliment kun je toch niet krijgen? Ik vind dat heel bijzonder.

Type ❷ De Helper

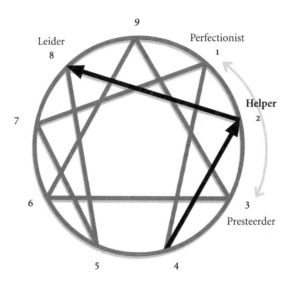

De Helper

Globale beschrijving van een twee

Ik sta snel klaar voor anderen en geef makkelijk. Ik weet wat mensen nodig hebben. Met 'nee' zeggen heb ik moeite. Ik vind het fijn wanneer mensen die voor mij belangrijk zijn, me aardig vinden. Ik ben meer relatie- dan doelgericht. Goede relaties zijn dan ook heel belangrijk voor me. Ik kan goed met mensen opschieten en maak gemakkelijk vrienden. Intimiteit en verbondenheid spelen een belangrijke rol. Ik heb veel verschillende soorten vrienden en kan me gemakkelijk aanpassen aan de persoon bij wie ik ben. Ik vind het zelf niet makkelijk ergens om te vragen en heb moeite met ontvangen.

Gedetailleerde beschrijving van een twee
Ik zie mezelf graag als iemand die bezig wil zijn voor anderen. Iemand die inspringt waar hulp nodig is. Als ik daarvoor aandacht en waardering krijg van anderen, vind ik dat leuk. Ik ben meelevend en meevoelend. Het lijkt wel alsof ik aanvoel wat andere mensen voelen, wat ze nodig hebben. Zo sterk zelfs, dat ik me vereenzelvig met de ander. Ik moet dan ook leren wat afstand te houden en mijn eigen grenzen te stellen. Zelf laat ik me niet graag helpen. Trouwens, ik ben me er niet zo van bewust wat ik zelf nodig heb. Ik vind het moeilijk om te weten wat mijn eigen verlangens en behoeften zijn. Nog moeilijker is het voor mij deze kenbaar te maken aan een ander. Dat maakt me afhankelijk en zwak.

Zonder mezelf ervan bewust te zijn vind ik het fijn wanneer mensen mijn hulp waarderen. Ik vind het dan ook vervelend wanneer mensen mijn hulp als vanzelfsprekend beschouwen.

Ik haat iedere vorm van geweld. Anderen pijn doen of zelf pijn gedaan worden, vind ik erg. Ik kan moeilijk van mijzelf toegeven dat ik kwaad ben. Ik spreek dan eerder van gekwetstheid of teleurstelling. Als ik eens echt van streek raak, kan ik wel wat hysterisch overkomen. Ik sta niet zo goed in contact met mijn lichaam. Moe worden hoort er niet bij.

Verbondenheid is voor mij heel belangrijk. Een connectie voelen met mensen. Waar het mij om gaat is dat mensen me accepteren zoals ik ben, niet voor wat ik doe. Het gaat mij om emotioneel contact. Ik wil anderen leren kennen tot in hun diepste diepte. Maar het vreemde is dat ik mezelf moeilijk echt aan anderen kan blootgeven. Ik ben meer bezig met wat er leeft in anderen, dan dat ik in mezelf kijk en ervaar wat er in mijzelf leeft aan behoeften en verlangens. Ik moet leren me niet steeds te richten op de verwachtingen van anderen, maar thuis leren komen bij mezelf. Een ander belangrijk punt van ontwikkeling voor mij is dat ik leer ook zelf te vragen.

In mijn levensvisie ga ik er van uit dat het erom gaat anderen te ondersteunen en te bekrachtigen; het is fijn wanneer mensen me nodig hebben. De belangrijkste waarden waar ik voor sta zijn connectie en vrijheid. Mijn overtuiging is dat de behoeften van mensen in de organisatie belangrijk zijn. In mijn gedachten spelen steeds de vragen: wat hebben anderen nodig en hoe krijg ik de goedkeuring van anderen? Mijn zelfbeeld is dat ik behulpzaam ben.

Mijn primaire drijfveer is dat ik geliefd wil zijn. Mijn secundaire drijfveren leiden ertoe dat ik steeds zal trachten:
- liefhebbend en behulpzaam te zijn en daarvoor gewaardeerd te worden
- ernaar te streven nodig te zijn en een belangrijke invloed te hebben op anderen
- intiem te zijn met anderen en uitdrukking te geven aan gevoelens die ik voor anderen heb
- controle te hebben over mensen, opdat ze me mogen

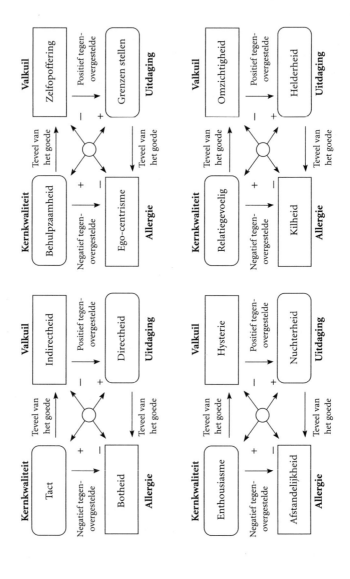

– verlangens die mensen hebben ten opzichte van anderen te rechtvaardigen.

Mijn angst is dat ik geen waarde heb. Vandaar dat ik er naar verlang om iets te betekenen.

Ik focus daarom op menselijke behoeften, service en dienstverlening. De kleur die het best bij mij past is rood (levenslustig, krachtig, passie).

Als leiderschapsstijl spreekt de Begeleider mij het meeste aan. Geen wonder dat ze mij naast Helper ook wel gever, assistent, macht achter de troon, of moeder noemen.

Kernkwaliteiten van een twee

Positieve eigenschappen van mij zijn: accepterend, liefde gevend, ondersteunend, gevend en creatief, zorgzaam, complimenteus, buigzaam, meegaand, ontvankelijk, empathisch, warm, genereus, romantisch en begripvol.

Mijn kernkwaliteiten zijn: behulpzaamheid, relatiegevoeligheid, enthousiasme en tact.

Minder gezonde kanten van een twee

De minder positieve eigenschappen van een TWEE zijn dat hij bemoeizuchtig kan zijn, bezitterig, klagend, behoeftig en jaloers. Hij is allergisch voor afkeuring en gebrek aan waardering. Soms is hij overdreven vriendelijk of overbeschermend, smorend of heeft hij de neiging in de slachtofferrol te schieten of zich te identificeren met de onderdrukten. Onder zijn helperschap is een zekere trots voelbaar.

Wat hij vermijdt is zijn eigen behoeften kenbaar te maken of behoeftig te zijn. En waar hij dwangmatig in kan zijn is vleierij of het anderen naar hun zin willen maken. Zijn verdedigingsmechanisme is onderdrukking. Helpers die altijd klaarstaan voor anderen, moeten hun eigen verlangens wel op de tweede plaats zetten en onderdrukken. Dit verdedigingsmechanisme voorkomt dat de TWEE zich bewust wordt van zijn eigen behoeften.

De Helper onder druk of gestrest heeft de neiging door te schieten naar de Leider en daar de minder positieve eigenschappen van te gaan vertonen. Om zijn zin te krijgen kan hij vijandig, manipulerend, openlijk agressief, dominant, intimiderend en eisend worden. Dan heeft hij de neiging anderen te veroordelen die niet zoveel geven als hij. Het tegengif dat hem het meest zal helpen om ingesleten patronen te doorbreken is nederigheid en deemoed.

Vleugels van een twee

Een Helper met een ÉÉN-vleugel is waarschijnlijk idealistischer, objectiever en meer (zelf)kritisch dan de Helper met een sterkere DRIE-vleugel. Hij zal ook eerder geneigd zijn te oordelen. De Helper met een sterke DRIE-vleugel is zelfverzekerder, ambitieuzer, extraverter en iets meer gericht op succes in de buitenwereld.

Een twee op zijn best

Wat een Helper een gevoel van vervulling geeft is nodig zijn, en goedkeuring en bijval krijgen. Wanneer de Helper ontspannen en gelukkig is, heeft hij toegang tot de positieve eigenschappen van de Individualist. Door zelfacceptatie en contact met zichzelf, ontstaat bewustwording van zijn eigen uniekheid, behoeften en gevoelens. Eigenschappen als gevoeligheid, intuïtie en intensiteit worden versterkt. Hij leert iets voor zichzelf te doen zonder zich om een ander te bekommeren.

In zijn werk honoreert hij zijn eigen behoeften net zo goed als die van anderen. Hij leert anderen direct om hulp te vragen, in plaats van op een indirecte manier namelijk door ànderen te helpen. Een gezonde Helper kan tegen zichzelf zeggen: ik ben speciaal en mijn behoeften zijn net zo belangrijk als die van anderen. Hij leert zijn eigen ruimte in te nemen en zijn emoties te uiten. Hij ontwikkelt een consistent 'zelf' dat niet verandert om te voldoen aan de behoeften van anderen en leert onderhandelen op basis van gelijkwaardigheid. Hij zegt 'nee' wanneer het 'nee' is en 'ja' wanneer hij dat ook echt meent.

Op zijn best bemoedigt hij zijn teamleden in de ontwikkeling van hun talenten en vaardigheden door hun advies te geven hoe zij hun werk goed kunnen doen. Training, counseling en coaching worden gestimuleerd om medewerkers te helpen hun talenten te ontwikkelen. Hij houdt een gedisciplineerde focus om taken af te ronden en hij balanceert zijn eigen unieke waarde als een persoon en de kwaliteit van ondersteunend leiderschap.

Een gezonde TWEE heeft geleerd zijn eigenwaarde te scheiden van de goedkeuring van anderen.

Kernkwadranten en pijlbewegingen van een twee

De relaties die een TWEE heeft met zijn pijlbewegingen kunnen in de volgende drie kernkwadranten worden samengevat.

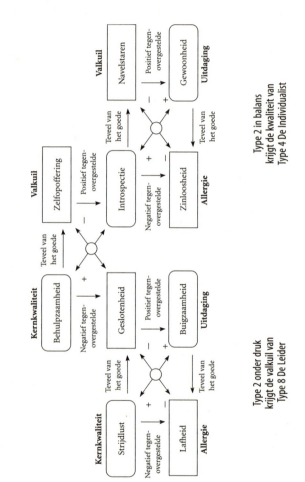

Type drie
De Presteerder

*D*aarom heb ik een wielerclub opgericht met een aantal zakenvrienden. Da's niet alleen gezond het is ook gezellig en vooral goed voor de zakelijke contacten. Maar aan het eind van een rit wil ik nog wel eens eventjes stevig op de pedalen gaan staan. Want deze jongen mag dan al wel bijna vijftig zijn hij neemt nog steeds geen genoegen met een tweede plaats. Kijk als ik win heb ik plezier, punt uit.

Type ❸ De Presteerder

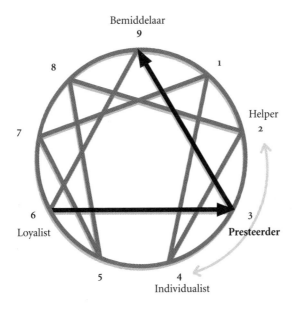

Globale beschrijving van een drie
Ik ben graag de beste in wat ik doe en vind het prettig wanneer ik iets bereik. Dat lukt me, omdat ik keihard werk aan mijn succes en het halen van mijn doelen. Stilzitten en niets doen komen nauwelijks voor. Ik zet ideeën snel om in acties en ben meestal met meerdere dingen tegelijk bezig. Ik kan mezelf goed presenteren en vind het leuk wanneer mensen

me bewonderen. Ik maak een zelfverzekerde indruk, mensen vinden me soms arrogant. Ik durf risico's te nemen, en werk snel en efficiënt onder tijdsdruk. Ik vind het vervelend wanneer anderen de boel vertragen en me tegenhouden.

Gedetailleerde beschrijving van een drie

Ik ben iemand die graag doet. Iemand die dingen bereikt, successen haalt. Ik ga ergens dan ook voor 100 procent voor. Succes is een belangrijk thema in mijn leven. Daarvoor heb ik bijna alles over. Ik weet van geen ophouden en kan anderen wel eens opjagen. In mijn gedrevenheid zie ik dan soms mensen over het hoofd en eis ik te veel van hen. Ik moet er rekening mee houden dat de maat bij anderen eerder vol kan zijn. Om succes te hebben, ben ik bereid me aan te passen en compromissen te sluiten. Ik weet intuïtief hoe ik mezelf en wat ik doe of wil bereiken, positief kan voorstellen. Ik vind het belangrijk wat anderen van me denken, vind het leuk wanneer mensen me waarderen. Daarom kom ik soms in de verleiding de zaken mooier voor te stellen dan ze zijn of een rol te spelen die bij anderen goed overkomt.

Ik vergelijk mezelf vaak met anderen. Is iemand goed in iets, dan wil ik er beter in zijn. Ik wil graag winnen, vind het vervelend te verliezen. Verliezen doe ik dan ook eigenlijk nooit, want ik voel aan waar iets te winnen valt en waar niet. Voor mij liefst geen tweede plaats. Ik houd van competitie en de dingen efficiënt doen. Daarom wil ik door niemand belemmerd worden. Ik krijg een kick van het halen van doelen. Ik vind het leuk om in de belangstelling te staan.

Ik ben zelfverzekerd en niet bang ergens op af te stappen. Een uitdaging ligt me. Ik werk graag met duidelijke doelstellingen. Ik kan mezelf goed verkopen en presenteren. Door mijn zelfvertrouwen kan ik bij mensen arrogant overkomen.

Ik vind het heel moeilijk om niets te doen. Ik ben altijd in beweging, altijd bezig. Ik voel niet goed aan waar mijn grenzen liggen. Zelfs als ik met vakantie ga, betrap ik mezelf erop dat ik werk meeneem. Echte ontspanning is voor mij alleen zijn, dan hoef ik me aan niemand te meten. Maar lang alleen zijn kan ik niet.

In mijn levensvisie ga ik er van uit dat het leven een wedstrijd is en ik kan winnen door hard te werken en succesvol te zijn. De belangrijkste waarden waar ik voor sta, zijn presteren en professionaliteit. Mijn overtuiging is dat competitie het beste uit de mensen haalt. In mijn gedachten spelen steeds de vragen: waarderen ze me en hoe krijg ik de erkenning en goedkeuring voor mijn prestaties? Mijn zelfbeeld is dat ik succesvol ben.

Mijn primaire drijfveer is dat ik geaccepteerd wil worden voor wie ik ben. Mijn secundaire drijfveren leiden er toe dat ik steeds zal trachten:

- bevestiging te krijgen en een aantrekkelijk beeld van mezelf te creëren
- aandacht en bewondering te krijgen en een goede indruk te maken
- een harmonieuze relatie tussen mijzelf en de buitenwereld in stand te houden

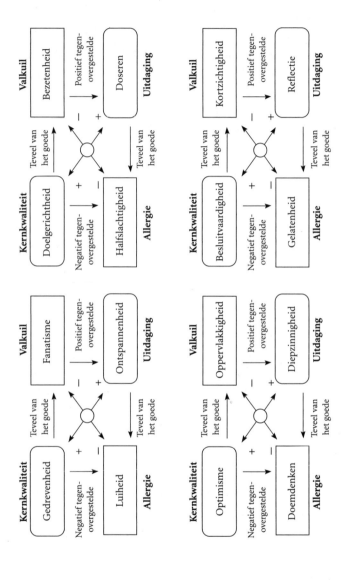

- persoonlijk falen te voorkomen en te streven naar succes
- resultaten te boeken en mijzelf te verbeteren
- boven anderen uit te stijgen en dat te doen, of te gebruiken wat nodig is, om aan de top te blijven.

Mijn angst is dat ik niet kan presteren en dat ik niet tot 'doen' in staat ben. Vandaar dat ik er naar verlang om iets te bereiken. Ik focus daarom op resultaten, uitkomsten en competitie.

De kleur die het best bij mij past is geel (opvallend, krachtig, dynamisch).

Als leiderschapsstijl spreekt de Scoorder mij het meeste aan.

Geen wonder dat ze mij naast presteerder ook wel succesvolle werker, winnaar of motivator noemen.

Kernkwaliteiten van een drie

Positieve eigenschappen van mij zijn: efficiënt, zelfverzekerd, enthousiast, competent en dynamisch, ijverig, efficiënt en georganiseerd, doelmatig, zeker van mezelf, vriendelijk, energiek, praktisch, vastberaden, volhardend en bekwaam, motiverend en een teambouwer.

Mijn kernkwaliteiten zijn: gedrevenheid, doelgerichtheid, optimisme en besluitvaardigheid.

Minder gezonde kanten van een drie

De minder positieve eigenschappen van een DRIE zijn dat hij mechanisch en berekenend kan worden. Hij is allergisch voor inefficiënt gedrag en luiheid. Als workaholic heeft hij de neiging vanuit zijn ongeduld gevoelens te negeren en soms zelfs door te schieten tot intrigant. Onder zijn prestatiedrang is een zekere neiging tot bedrog voelbaar. Dan kan hij overkomen als kameleon en daardoor krijgt hij iets onechts. Je vraagt je dan af: wie is hij echt?

Wat hij wil vermijden is falen. Waar hij dwangmatig in kan zijn is zijn zucht om altijd te winnen. Zijn verdedigingsmechanisme is identificatie. Dat betekent dat een DRIE zich helemaal identificeert met zijn beroepsmatige rol of zijn rol in de groep waartoe hij hoort. Dit volledig opgaan in de groep of in de rol voorkomt dat een DRIE zich bewust wordt van zijn onbelangrijkheid en zijn falen.

De Presteerder onder druk of in stress heeft de neiging de minder positieve eigenschappen van de Bemiddelaar te gaan vertonen. Hij geeft dan zijn efficiëntie op en kan passief worden en stilvallen. Eigenschappen als verbittering, zelfagressie, apathie en egoïsme kunnen naar boven komen. Het tegengif dat hem het meest zal helpen om ingesleten patronen te doorbreken, is eerlijkheid. Eerlijkheid ten opzichte van zichzelf. Zijn ware zelf zonder zijn rollen.

Vleugels van een drie

Een Presteerder met een TWEE-vleugel is waarschijnlijk warmer, socialer, populairder en behulpzamer, dan de Presteerder met een sterkere VIER-vleugel. De Presteerder met een sterke VIER-vleugel is meer in zichzelf gekeerd, gevoeliger, artistieker en fantasierijker.

Een drie op zijn best

Wat een Presteerder een gevoel van vervulling geeft is erkenning van anderen krijgen, succesvol zijn en een goed imago uitstralen naar de buitenwereld. Wanneer de Presteerder ontspannen en gelukkig is, heeft hij toegang tot de positieve eigenschappen van de Loyalist. Hij legt dan zijn masker af en ervaart zijn eigen identiteit, los van zijn rollen.

In zijn werk is hij loyaal aan zichzelf en anderen in plaats van aan zijn product. Hij is betrouwbaar en competent. Deze combinatie maakt hem tot een goede leider. Wanneer hij in iets gelooft, leert hij daarachter te blijven staan ook al maakt hem dat niet populair. Hij leert zijn twijfels te uiten en hoeft niet altijd de beste te zijn. Een gezonde Presteerder leert samen te werken met anderen in plaats van de competitie aan te gaan en hij ontwikkelt het vertrouwen dat anderen de dingen voor elkaar kunnen krijgen.

Op zijn best inspireert hij zichzelf en zijn teamleden te presteren en succesvol te zijn door initiatieven te nemen, beschikbare bronnen te activeren, efficiënt te zijn en te volharden om gewenste resultaten te bereiken. Zijn enthousiasme brengt het team in beweging. Hij motiveert anderen door hen te complimenteren en hun talenten in het voetlicht te zetten. Hij balanceert zijn passie om dingen te bereiken met een respect voor de grenzen van zijn medewerkers. Een gezonde DRIE die zich ontwikkeld heeft, accepteert zijn zwakke punten, is trouw, loyaal, rechtschapen en rechtvaardig, gevoelig en verantwoordelijk. Hij heeft geleerd om toegang te krijgen tot zijn gevoel en dit in zijn handelen te integreren.

Kernkwadranten en pijlbewegingen van een drie

De relaties die een DRIE heeft met zijn pijlbewegingen kunnen in de volgende drie kernkwadranten worden samengevat.

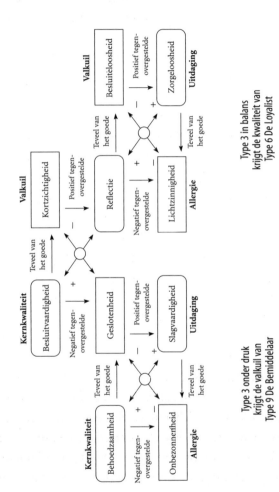

Type vier
De Individualist

*W*oorden verworden snel tot een aaneenschakeling van banaliteiten en wat voor velen een goed gesprek is, is voor mij meestal niet meer dan het aanhoren van een aantal klinkers en medeklinkers, uitgestoten door een of meerdere personen. Het klinkt misschien wat hautain, maar zo ervaar ik dat nu eenmaal. Ik weet het, ik behoor hierdoor tot een minderheidsgroep. Maar ik kan niet anders.

Type ❹ De Individualist

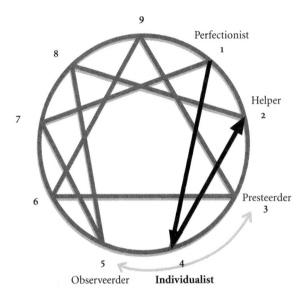

Globale beschrijving van een vier

Ik ben een echt gevoelsmens, ik ervaar alles diep en intens. Anderen kunnen me wel eens overdreven dramatisch noemen. Soms voel ik me eenzaam, omdat ik anders ben dan anderen. Ik lijk er niet echt bij te horen. Ik doe de dingen graag anders, op mijn manier. Ik ben onsystematisch en ik houd niet van routine en standaardklusjes. Ik verlang naar diepe verwantschap met een ander. Dat zoeken doe ik mijn hele leven al. Het is het steeds net niet. Mijn leven kenmerkt zich door diepe dalen en grote hoogten. Die dalen heb ik nodig om de pieken te ervaren. Anders kabbelt het leven en dat is saai.

Gedetailleerde beschrijving van een vier

Ik ben gesteld op een verfijnde levensstijl, op het buitengewone. Ik verafschuw het gewone, het alledaagse. Ik ben geneigd wat neer te zien op anderen, die tevreden lijken met het gewone leven. Tegelijkertijd benijd ik hen die tevreden zijn met een gewoon en gemakkelijk leven. Ik heb de neiging me een beetje een buitenstaander te voelen, die nergens bij hoort. Ieder die eruitspringt als een bijzondere persoonlijkheid, kan gevoelens van afgunst in me oproepen. Misschien voel ik dat als een bedreiging van mijn eigen uitzonderlijkheid.

Tragedie en romantiek horen bij me. Ik beleef alles buiten proporties. Vreugde als verrukking en verdriet als drama. Dood en leven houden mij erg bezig. Ik ben er steeds op uit alles diep te ervaren. Dat maakt dat ik nogal wisselend ben van stemmingen. Van een grote hoogte, van me heel goed voelen, duikel ik dan omlaag in een gevoel van verlatenheid. Eigenlijk – als ik me aan je voorstel – moet je je dus afvragen in welke stemming ik ben.

Ik hang naar het verleden en tegelijkertijd verlang ik naar de toekomst. Geluk is of al geweest of moet nog komen, maar is nooit in het heden bereikbaar. Als ik 'down' ben, kan ik het verleden enorm romantiseren en idealiseren, in een 'up' richt ik me op de toekomst.

Ik verlang naar dingen die, als ik ze eenmaal heb, toch geen voldoening geven. Voortdurende onrust, ontevredenheid en me ongelukkig voelen liggen dus op de loer.

Ik kan mijn emoties behoorlijk overdrijven. Vaak voel ik me niet begrepen door anderen. Eigenlijk is dat ook niet erg, want ik ben toch anders. Ik wil me onderscheiden. Aan de andere kant wil ik niet anders zijn, het is een beetje dubbel. Ik wil niet meegaan met de massa en ook wil ik er niet buiten staan. Verbondenheid met mezelf, contact met mezelf is belangrijk.

Ik ben ook altijd op zoek naar de perfecte relatie. Ik wil dat een ander mij echt leert kennen. Ik voel een sterke aantrekkingskracht naar het onbereikbare en het niet voor handen zijnde. Relaties op afstand schijnen me vaak beter af te gaan, dan dag in dag uit met iemand omgaan. Voor mij is het leven vaak een worsteling. Ik vind het leven niet gemakkelijk en eenvoudig. Ik kan verlangen naar dingen die nooit zullen gebeuren. In mijn gedrag zit soms wat uiterlijk vertoon. Ik zie mezelf dikwijls op het toneel staan. Meestal treed ik op voor mezelf. Ik schrijf voortdurend draaiboeken en scenario's in mijn hoofd. Als ik niet oppas verloopt een groot deel van mijn leven meer in scripts die ik voor mezelf opvoer, dan in de werkelijkheid.

In mijn levensvisie moet alles authentiek zijn met diepgang en stijl. Toch ontbreekt er iets, waren dingen maar anders. De belangrijkste waarden waar ik voor sta, zijn authenticiteit en verbinding. Mijn overtuiging is dat organisaties menselijk zijn tot de hoogte waar individualiteit en gevoelens van mensen worden gerespecteerd.

In mijn gedachten speelt steeds de vraag: wat ontbreekt? Het beste is ver weg en niet aanwezig; het negatieve in het hier en nu, het positieve in het daar en dan. Waarom is het niet zoals ik me had voorgesteld? Waarom valt het weer tegen?

Mijn zelfbeeld is dat ik anders ben. Mijn primaire drijfveer is dat ik wil begrijpen wie ik ben.

Mijn secundaire drijfveren leiden er toe dat ik steeds zal trachten:
- in contact te staan met mijn gevoelens en mezelf uit te drukken
- iets moois te creëren als middel om met anderen te communiceren
- me terug te trekken van anderen om eerst mijn emoties aan te kunnen of het hoofd te bieden
- goed te maken wat ik in de werkelijke wereld mis en gemis te compenseren.

Mijn angst is dat ik ontoereikend ben. Vandaar mijn diepe verlangen om adequaat te zijn. Ik focus daarom op de uniekheid van elk persoon.

De kleur die goed bij mij past is paars (veranderend, melancholisch, mystiek, buitengewoon).

Als leiderschapsstijl spreekt de Individualist mij uiteraard het meeste aan.

Geen wonder dat ze mij naast Individualist ook wel romanticus, artiest, schrijver of intuïtieveling noemen.

Kernkwaliteiten van een vier
Positieve eigenschappen van mij zijn: gevoelig, origineel, oorspronkelijk, creatief en betrokken. Ik ben warm, intens en hartstochtelijk, intuïtief, kunstzinnig, verfijnd, expressief, eigenzinnig, visionair, zachtaardig, esthetisch en romantisch. Mijn kernkwaliteiten zijn: introspectie, medelevend zijn, fijngevoeligheid en gepassioneerdheid.

Minder gezonde kanten van een vier
De minder positieve eigenschappen van een VIER zijn dat hij door wisselvallige stemmingen emotioneel uit balans kan raken. Hij kan dan doorschieten in diepe dalen en hoge pieken, wat voor anderen moeilijk te begrijpen is. Hij is allergisch voor disrespect en ongevoeligheid. Vanuit zijn 'anders zijn' heeft hij de neiging overgevoelig te worden, te overdrijven en te dramatiseren. Soms vraagt hij te veel aandacht en voelt zich dan onbegrepen. Zijn gevoel van speciaal zijn kan hem snobistisch doen overkomen.

Onder zijn individualisme is een zekere neiging tot afgunst voelbaar. Waarom zijn anderen wel gelukkig met gewone dingen? Vanuit zijn gevoel van 'anders zijn' vermijdt hij alledaagsheid. Waar hij dwangmatig in kan zijn is zijn melancholie en zijn focus op lijden. Zijn verdedigingsmechanisme is artistieke sublimatie. Dit verdedigingsmechanisme zorgt ervoor dat gevoelens van ontoereikendheid en kwetsbaarheid niet direct worden geuit. Een VIER uit deze gevoelens op indirecte wijze via symbolen of hij vlucht weg in een romantische fantasiewereld. Dat voor-

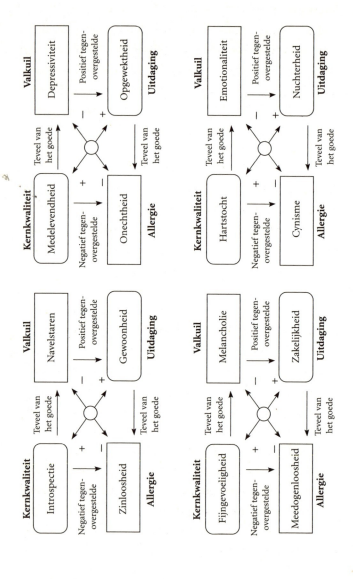

komt dat een VIER zich bewust wordt van de dagelijkse realiteit en van de saaiheid van zijn leven.

De Individualist onder druk of in stress heeft de neiging de minder positieve eigenschappen van de Helper te gaan vertonen. Hij ruilt zijn binnenwereld in voor erkenning en waardering van de buitenwereld. Hij voelt zich gevangen, doet wat anderen willen en kan geen 'nee' zeggen. Gevoelens van zelfmedelijden en slachtoffer zijn komen aan de oppervlakte.

Hij krijgt het gevoel dat hij ontoereikend is, kan zich opdringen en gaan manipuleren met emoties, klagen en zich terugtrekken. Het tegengif dat hem het meest zal helpen om ingesleten patronen te doorbreken is balans en evenwichtigheid.

Vleugels van een vier

De Individualist met een DRIE-vleugel is ambitieuzer, vrolijker, bewuster van zijn imago en actiever in de buitenwereld dan een VIER met een VIJF-vleugel. Deze laatste is introverter, intellectueler, gereserveerder, beschouwender.

Een vier op zijn best

Wat een Individualist een gevoel van vervulling geeft is als hij het unieke van zichzelf kan beleven door expressie van zijn gevoelens. Wanneer de Individualist ontspannen en gelukkig is, heeft hij toegang tot de positieve eigenschappen van de Perfectionist. Een VIER kan hier zijn gevoelens van inferioriteit transformeren. Hij wordt zelfverzekerder.

In zijn werk benadert hij de zaken op een actieve en oplossingsgerichte manier. Hij heeft geleerd objectief na te denken over het oplossen van problemen zonder zich mee te laten slepen door emoties. Een gezonde VIER focust op één gevoel tegelijk. Wat voel ik nu en wat kan ik er aan doen? Hij leert bij de feiten te blijven, ziet de zaak in de juiste proportie en doet zijn werk objectief. Een gezonde Individualist stelt zichzelf specifieke doelen die hij wil bereiken. Hij volgt duidelijke standaarden en regels zodat beslissingen minder impulsief genomen zullen worden.

Op zijn best is de Individualist geïnteresseerd in zijn teamleden als individuen met unieke talenten. Gevoelig als hij is voor wat persoonlijk belangrijk is voor zijn medewerkers, voelt hij hen intuïtief aan. Medewerkers voelen zich gehoord. De werksfeer is menselijk met sensitiviteit. Uniek in zijn leiderschapsstijl is hij origineel in het bedenken van verschillende manieren om de taken te doen en het creëren van stijlvolle producten. Creativiteit en fantasie onder de medewerkers worden gestimuleerd.

Een gezonde VIER die zich ontwikkeld heeft, is gestructureerd, ordelijk, gedisciplineerd, evenwichtig, zelfverzekerd en verantwoordelijk. Hij heeft geleerd om tevredenheid te vinden in 'simpel' gelukkig zijn.

Kernkwadranten en pijlbewegingen van een vier

De relaties die een VIER heeft met zijn pijlbewegingen kunnen in de volgende drie kernkwadranten worden samengevat.

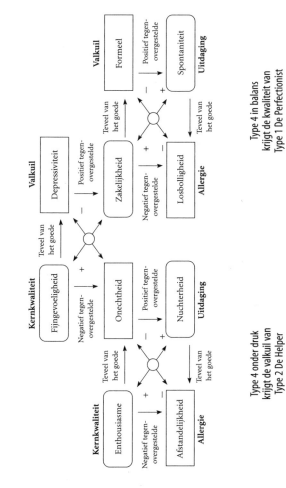

Type vijf
De Observeerder

U*ilen hebben altijd een enorme aantrekkingskracht op mij gehad. Ik vind dat zulke ongelooflijk fascinerende vogels, die gratie, dat stoïcijnse. Het lijkt wel of iedere handeling van te voren doordacht is. Sinds een paar maanden ben ik bezig met het determineren van de zogenaamde uilenballen. Je krijgt op deze manier een exact beeld van wat zo'n uil allemaal gegeten heeft en waar hij overal geweest moet zijn.*

Type ❺ De Observeerder

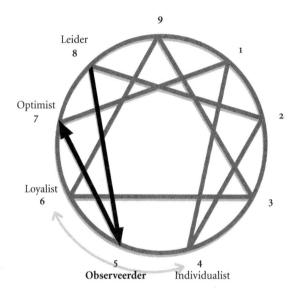

Globale beschrijving van een vijf

Ik ben een kalm en analytisch persoon. Ik bescherm mijn tijd en energie en vind het niet prettig wanneer mensen me claimen of te veel eisen aan me stellen. Ik observeer liever dan dat ik me ergens in meng. Ik heb een scherp opmerkingsvermogen en een apart gevoel voor humor. Ik houd emotioneel afstand en maak daardoor vaak een afstandelijke indruk. Bij emotionele gebeurtenissen kan het gebeuren dat ik pas dagen later – wanneer ik alleen ben – mijn emoties ga ervaren. Ik hecht veel belang aan mijn gedachteleven. Ik kan me goed concentreren, makkelijk besluiten nemen en logisch en objectief redeneren.

Gedetailleerde beschrijving van een vijf

Ik trek me gemakkelijk terug en kan materieel met weinig toe. Ik heb de neiging te geloven dat ik door kennis en informatie grip op het leven kan krijgen. Door te begrijpen krijg ik overzicht en dat geeft me een gevoel van veiligheid. Want alles weten geeft zekerheid. Ik ben graag alleen. Dan word ik niet afgeleid. Pas als ik iets snap, kan ik handelen. Dat betekent dat ik veel nadenk. Ik observeer graag van een afstandje en heb alles snel in de gaten. Dan trek ik me terug, dat heb ik nodig om te ervaren wat er is gebeurd.

Veel tijd voor mezelf en privacy zijn belangrijk om alle stukjes passend te houden. Als ik overspoeld raak, moet ik de indrukken plaatsen binnen mijn referentiekader, anders kan ik niet adequaat handelen. Natuurlijk wil ik constant mijn kader vergroten. Alles wat ik meemaak moet in het kader passen. Eerst denken, dan doen. Ik leef vaak in mijn hoofd. Ik sla alles op en tracht gegevens te ordenen. Voor mij moeten alle stukjes in elkaar passen. Ik zoek steeds naar de sleutel om te kunnen begrijpen.

Ik identificeer me te veel met wat ik weet. Aan weten ontleen ik dan de betekenis van mijn leven. Het irriteert me wanneer mensen mijn observaties of inzichten in twijfel trekken. Ik denk dan: als je kon zien wat ik zie, dan zou je mij gelijk geven. Ik kan dan arrogant overkomen. Vaker nog word ik in zo'n situatie stil en trek ik me terug.

In een gesprek kan ik heel aandachtig luisteren en lang wachten voordat ik eraan deelneem. Dan mis ik het juiste moment en blijf met mijn gedachten achter het gesprek aanlopen. Het is wel eens moeilijk voor anderen met mij het gesprek op gang te houden, omdat ik een hekel heb aan praten over koetjes en kalfjes. Als het gesprek me niet interesseert, merk ik soms helemaal niet meer bij het gesprek aanwezig te zijn.

Ik voel me soms machteloos en onbelangrijk. Hiermee doe ik mezelf en anderen tekort. Het gevoel alleen te staan en toeschouwer te zijn, dateert al van veel vroeger. Ik reageer afstandelijk en lijk het alleen wel af te kunnen. Ik ben bang dat anderen mij overrompelen, bij me binnendringen, me forceren. Maar ik verlang zeer naar warmte en liefde.

Ook mijn lichaam en emoties behandel ik afstandelijk. Ik loop het gevaar mijn lichaam niet echt te ervaren. Meestal probeer ik mijn gevoelens niet te tonen. Dat maakt mij te kwetsbaar. Ik zou de controle erover kunnen verliezen. Anderen zouden me voor onnozel kunnen aanzien. Toch heb ik wel sterke emoties die dikwijls pas later loskomen. Als ik thuis ben en alleen. Omdat ik me vaak terugtrek of het leven in vakken verdeel, ervaar ik vaak een leegte.

Het is voor mij moeilijk om anderen iets te vragen en om kenbaar te maken dat ik iets nodig heb. Ik probeer alles maar zelf en alleen te doen.

In mijn levensvisie ga ik er van uit dat ik de meester ben over mijn privé-wereld die is opgebouwd op specialistische kennis. De belangrijkste waarden waar ik voor sta zijn autonomie en vrijheid. Mijn overtuiging is dat een visie een organisatie richting en doel geeft.

In mijn gedachten spelen steeds de vragen: hoe zit het in elkaar, wat zijn de feiten? Wat willen anderen van me? Al mijn aandacht is gericht op waarnemen, denken en gevoelens reduceren.

Mijn zelfbeeld is dat ik het begrijp en het door heb. Mijn primaire drijfveer is dat ik de wereld om mij heen wil begrijpen. Mijn secundaire drijfveren leiden er toe dat ik steeds zal trachten:
– alles met zekerheid te weten en leegheid of onwetendheid te vermijden
– alles te begrijpen en te observeren
– intellectuele zekerheid te hebben en alles te interpreteren volgens of naar een samenhangend/samenbindend idee
– datgene te verwerpen dat niet overeenstemt met mijn ideeën
– me te isoleren van al datgene dat me lijkt te bedreigen.

Mijn angst is leegte, niet bestaan. Voor mij geldt sterk: ik denk, dus ik besta. Vandaar dat ik mijn verlangen om te bestaan zoek in het denken. Ik focus daarom op rationele structuren en kritisch denken. De kleur die bij mij past is blauw (introvert, rustig, afstandelijk).

Mijn favoriete leiderschapsstijl is de Systeemmaker.

Geen wonder dat ze mij ook wel de waarnemer, denker, onderzoeker of filosoof noemen.

Kernkwaliteiten van een vijf

Positieve eigenschappen van mij zijn: begrijpend, helder, filosofisch en geestig. Ik ben logisch, objectief, bondig, analytisch, aandachtig en leergierig.

Mijn kernkwaliteiten zijn: scherpzinnigheid, onafhankelijkheid, beschouwend en kalmte.

Minder gezonde kanten van een vijf

De minder positieve eigenschappen van een VIJF zijn dat hij solistisch, kil, koud en gierig met tijd en energie kan worden. Dan heeft hij angst voor gevoelens, wordt abstract, gaat zaken uitstellen en vermijdt commitment. Hij is allergisch voor irrationeel gedrag en emotionele reacties. Soms is hij sociaal onvaardig en niet betrokken. Hebzucht is nogal eens voelbaar onder zijn scherpzinnigheid en kalmte. Wat hij vermijdt is leegte in zijn hoofd, geen gedachten hebben. Waar hij dwangmatig in kan zijn is afzondering en zich opsluiten in zijn ivoren toren. Zijn verdedigingsmechanisme is isolatie. Hij trekt zich terug in zijn eigen gedachtewereld om de werkelijkheid voor zichzelf te ordenen en maakt zich los van zijn emoties. Dit voorkomt dat een VIJF zich bewust wordt van zijn angst niet genoeg te weten.

Wanneer de Observeerder onder druk staat heeft hij de

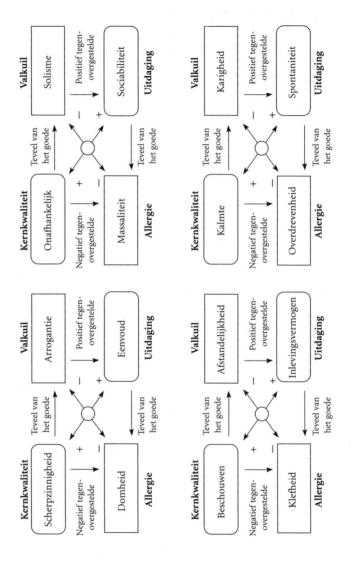

neiging de minder positieve eigenschappen van de Optimist te gaan vertonen. Hij kan dan de realiteit loslaten en verzeild raken in dagdromerij en doelloos handelen. Op dat niveau is hij het overzicht kwijt, wat kan resulteren in nerveuze acties, oppervlakkigheid, onbetrouwbaarheid, onrealistisch en onverantwoordelijk gedrag. Het tegengif dat hem het meest zal helpen om ingesleten patronen te doorbreken is objectiviteit en niet gehecht zijn.

Vleugels van een vijf

Een Observeerder met een ontwikkelde VIER-vleugel is creatiever, gevoeliger, mensgerichter en heeft een groter inlevingsvermogen. Een Observeerder met een sterke ZES-vleugel is loyaler, voorzichtiger en sceptischer.

Een vijf op zijn best

Wat een Observeerder een gevoel van vervulling geeft is als hij inzicht heeft en op basis daarvan een eigen gefundeerd oordeel. Daardoor kan hij de dingen doorzien en begrijpen. In ontspanning heeft de Observeerder toegang tot de positieve eigenschappen van de Leider.

Daadkracht en zelfvertrouwen kenmerken de VIJF die naar de ACHT gaat, hij manifesteert zich in de buitenwereld, brengt kennis in de praktijk en gaat op de dingen af. Hij heeft overtuigingskracht en is beïnvloedend. Hij ervaart gevoelens van persoonlijke kracht, is assertiever en meer op zijn gemak bij mensen.

In zijn werk kan hij dingen veranderen en situaties beïnvloeden. Hij staat in contact met zijn innerlijke autoriteit en gaat voor de dingen waar hij in gelooft. Hij kan tegen zichzelf zeggen: ik ben krachtig, ik kan doen. Hij heeft de power tegen de stroom in te gaan en kan zeggen wat hij wel en niet wil. Hij leert te luisteren naar de taal van zijn lichaam, zijn intuïtie, zijn hart en zijn gevoelens. Ook kan hij zelf grenzen stellen in plaats van zich terug te trekken.

Op zijn best staat hij in contact met zijn persoonlijke kracht en nodigt teamleden uit om ideeën over projecten met elkaar uit te wisselen. Hij kan met zijn overzicht gemakkelijk lange-termijnprojecten plannen. Het uiteen rafelen en analyseren van complexe zaken in eenvoudige elementen stelt hem in staat oplossingen voor problemen helder te krijgen. Verantwoordelijkheid wordt gedelegeerd naar teamleden om hen in staat te stellen hun taken op hun eigen manier te doen. Hij durft het te riskeren zijn ideeën in acties om te zetten en zijn visie te delen met anderen zodat hij kan profiteren van de inzichten van anderen.

Een gezonde VIJF die zich ontwikkeld heeft, heeft geleerd mee te doen en emotioneel betrokken te zijn bij mensen.

Kernkwadranten en pijlbewegingen van een vijf

De relaties die een VIJF heeft met zijn pijlbewegingen kunnen in de volgende drie kernkwadranten worden samengevat.

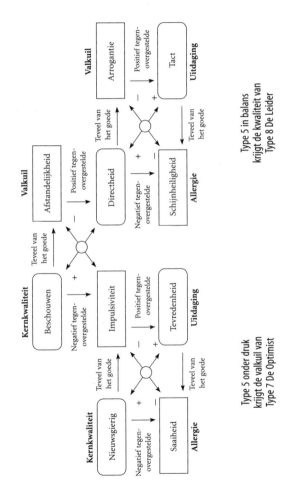

De Loyalist
Type zes

Ja, ik ben wel een denkertje. Ik hou van mijn werk en ik geloof dat mijn collega's mij wel waarderen, maar dat weet je nooit helemaal zeker natuurlijk.
Ik heb een soort zesde zintuig ontwikkeld voor alles wat gevaar kan inhouden. Ik ben als het ware constant voorbereid op alles wat er kan misgaan. Nou moet ik eerlijk zeggen dat dat ook wel eens verlammend werkt, dat wikken en wegen bedoel ik.

Type ❻ De Loyalist

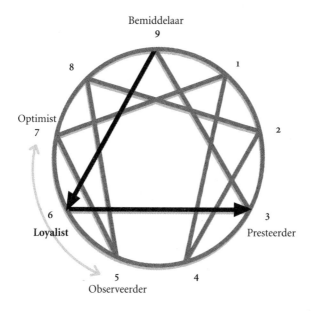

Globale beschrijving van een zes

Ik heb een levendige verbeelding, zeker als het gaat om dingen die mis kunnen gaan. Ik ga ervanuit dat de dingen fout lopen, zodat ik dan in ieder geval voorbereid ben. Ik twijfel veel en het kan een tijd duren voordat ik een besluit neem. Ik kan de dingen dan ook lang voor me uitschuiven. Ik heb een soort zesde zintuig voor het opsporen van gevaar. Ik heb moeite met onverwachte dingen die mijn veiligheid en zekerheid aan het wankelen brengen. Mijn plichtsbesef is groot en als ik me voor iets of iemand inzet, ben ik erg loyaal. Ik heb de neiging soms te serieus te zijn en de dingen te letterlijk te nemen. Wanneer iemand kritiek op me heeft, voel ik me aangevallen. Dat maakt me onzeker. Ik vind het fijn bij een groep te horen, dat geeft me een veilig gevoel.

Gedetailleerde beschrijving van een zes

Ik ben gezegend met een sterke verbeeldingskracht. Sterk gericht als ik ben op alles wat gevaar kan inhouden, heb ik ook een zekere vrees voor succes.

Angst voor gevaar zit me als het ware in het bloed. Ook in een situatie die over het algemeen gunstig is, heb ik de neiging mijn aandacht te richten op een negatief detail en dit uit te vergroten. Zonder het te weten stel ik steeds weer vragen als: waar moet ik voor oppassen? Bedoelen ze wel echt wat ze zeggen? Het leven zit vol bedreigingen en ik heb het gevoel steeds beducht te moeten zijn voor kwade bedoelingen. Ik wantrouw iedereen tot het tegendeel bewezen is. Ik ben altijd voorzichtig. Die angstige gespannenheid voel ik in mijn lijf. Al is het moeilijk voor me om met die angst te leven, toch is die angstige bezorgdheid voor mij ook iets vertrouwds en geeft me een zekere veiligheid. Ik ben er als het ware door voorbereid op alles wat me kan overkomen.

Ik zit dus vaak met veel vragen. Je zult me regelmatig de woorden 'ja, maar' horen gebruiken. Het kost me heel wat energie om niet door steeds maar vragen te stellen, verlamd te raken. Een stuk van mijn vrees komt voort uit mijn rijke verbeelding over wat er allemaal kan gebeuren en misgaan. Als ik een plan of een idee heb, dan komen direct angst en twijfel om de hoek kijken. Dat werkt verlammend. Soms breek ik door mijn angst heen en laat me dan niets gelegen liggen. Ik kan dan heel impulsief handelen en een sprong in het duister doen. Ik ken mijzelf dan niet. Mijn angst gaat hand in hand met twijfels, vooral aan mezelf. Daarom kan ik zo besluiteloos zijn en kost een beslissing nemen inspanning. Ik wacht vaak te lang, er spelen honderden dingen door mijn hoofd.

Tradities en regels zijn belangrijk voor me. Mensen kunnen je laten vallen, maar tradities en wetten niet. Ze scheppen duidelijkheid. Vertrouwen en trouw spelen een grote rol in mijn leven. Wat je belooft, moet je doen. Aan mensen die ik vertrouw ben ik loyaal, door dik en dun. Ik ben graag met gelijkgestemden, dat geeft me een veilig gevoel. Ze moeten me wel rustig benaderen. Voor mij is het belangrijk dat ik weet wat anderen van me verwachten. Doelen, richtlijnen, graag weet ik waar ik aan toe ben. Dingen letterlijk nemen is ook iets dat bij me past. Ik heb een soort zender in me die ik gebruik om de omgeving af te tasten op gevaar. Ik zit vol met tweeslachtigheden en eigenlijk voel ik deze alletwee tegelijk. Ik voel vaak spanning, voel me heel erg in m'n hoofd zitten. Ik kan goed luisteren en voel de intenties van anderen aan. Toch luister ik door mijn twijfels niet echt naar m'n intuïtie.

In mijn levensvisie ga ik er van uit dat de wereld gevaarlijk is, de waarheid ligt verstopt en dingen zijn niet zoals ze lijken. De belangrijkste waarden waarvoor ik sta zijn veiligheid en openheid. Mijn overtuiging is dat organisaties een gevoel van verbondenheid moeten bieden.

In mijn gedachten spelen steeds de vragen: klopt het wat ze zeggen? Voor wie of wat moet ik op mijn hoede zijn? Al mijn aandacht is gericht op mogelijk gevaar en verborgen bedoelingen.

Mijn zelfbeeld is dat ik mijn plicht doe, goed gedrag vertoon. Mijn primaire drijfveer is dat ik zekerheid en veiligheid wil hebben.

Mijn secundaire drijfveren leiden ertoe dat ik steeds zal trachten:

– tot een groep te behoren om goedkeuring en veiligheid te krijgen
– aardig gevonden te worden en bijval te krijgen
– de houdingen en opvattingen van anderen te toetsen aan mijzelf
– me te laten gelden om mijn angst te overwinnen
– als ik bang ben, gerustgesteld te worden, mijn zekerheid te hervinden en de persoon met autoriteit me te laten helpen.

Mijn angst is dat ik alleen ben en mijn verlangen is om ergens bij te horen, me te verbinden.

Ik ben liever alleen dan eenzaam. Ik focus vooral op menselijke relaties en commitment. De kleur die bij mij past is beige (aanpassend, rijk geschakeerd, gemengd).

Mijn favoriete leiderschapsstijl is de Teamplayer.
Geen wonder dat ze mij ook wel de verbinding, advocaat van de duivel, betwijfelaar of wachter noemen.

Kernkwaliteiten van een zes
Positieve eigenschappen van mij zijn: betrouwbaar, respecterend, rechtschapen, vastberaden en loyaal. Ik ben stabiliserend, oordeelkundig, vasthoudend, waakzaam en fair. Mijn kernkwaliteiten zijn: alertheid, loyaliteit, serieusheid en verantwoordelijkheidsbesef.

Minder gezonde kanten van een zes
De minder positieve eigenschappen van een ZES zijn dat hij dogmatisch, achterdochtig, star en doemdenkerig kan worden. Ook is hij wel eens timide, twijfelend, conservatief en onzeker. Hij is allergisch voor onbetrouwbaarheid en dubbelzinnigheid. Angst is nogal eens voelbaar onder zijn loyaliteit. Wat hij vermijdt is verkeerd gedrag, omdat dat afkeuring van anderen kan betekenen. Waar hij dwangmatig op kan letten is gevaar. Zijn belangrijkste verdedigingsmechanisme is projectie. Dat wat hij in zichzelf niet wil zien, legt hij bij de ander neer. Door negatieve gevoelens op andere mensen te projecteren, voorkomt een ZES dat hij zich bewust wordt van zijn eigen onzekerheid.

De Loyalist onder druk heeft de neiging de minder positieve eigenschappen van de Presteerder te gaan vertonen. Hij vertoont rusteloos gedrag, wordt berekenend en nog achterdochtiger over iemands motieven. Hij kan agressief

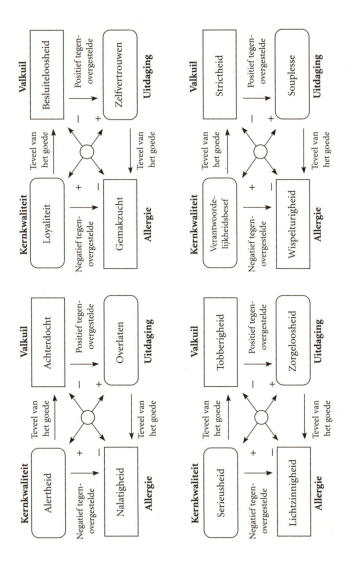

en autoritair worden. Ook gevoelloosheid en een mechanische werklust kunnen aan de oppervlakte komen. Het tegengif dat hem het meest zal helpen om ingesleten patronen te doorbreken is moed.

Vleugels van een zes

Heeft een Loyalist een VIJF-vleugel sterker dan een ZEVEN-vleugel, dan heeft hij de neiging afstandelijker, behoudender, introverter en intellectueler te zijn. Is de ZEVEN-vleugel dominanter, dan is hij extraverter, actiever, materialistischer en impulsiever. Hij kan gemakkelijker relativeren en plezier maken.

Een zes op zijn best

Wat een Loyalist een gevoel van vervulling geeft is als hij voldoet aan verwachtingen en een gevoel van verbondenheid heeft. In ontspanning heeft de Loyalist toegang tot de positieve eigenschappen van de Bemiddelaar. Hij straalt rust, ontspanning, harmonie, luchtigheid en vertrouwen uit. Door te vertragen, kan hij beter relativeren en leren zich op zichzelf te concentreren, in plaats van de autoriteit buiten zichzelf te leggen. Bovendien kan hij zich bewuster worden van lichamelijke gewaarwordingen en een grote empathie ontwikkelen.

In zijn werk heeft hij innerlijke kracht en zelfvertrouwen ontwikkeld. Hij heeft geleerd te vertrouwen op zijn eigen capaciteiten en staat achter zijn visie. Ook heeft hij leren omgaan met zijn negatieve denken. Door zijn vragen en twijfels positief te gebruiken, kan hij enthousiast raken over alle mogelijke goede uitkomsten.

Hij leert rustig en stil in zichzelf te zijn en realiseert zich dat oplossingen en antwoorden in hemzelf liggen. Hij neemt de rust om antwoorden vanzelf naar boven te laten komen. Met de stroom durven meegaan en ontspannen in dit proces, geven hem vertrouwen en zekerheid. Hij realiseert zich dat tegen de stroom ingaan en vechten niet altijd de oplossing is.

Op zijn best ziet een ZES zich als een deel van een team met wiens ideeën hij zich wil identificeren. Medewerkers worden aangemoedigd zich echt als een onderdeel van het team te voelen en na te denken over gemeenschappelijke doelen. Gecommitteerd aan het gemeenschappelijke doel van de organisatie, plaatst hij het welzijn van het team boven individuele belangen. Loyaliteit, betrouwbaarheid en hard werk worden gewaardeerd om gezamenlijk problemen op te lossen.

Een gezonde ZES heeft geleerd zichzelf en anderen te vertrouwen.

Kernkwadranten en pijlbewegingen van een zes

De relaties die een ZES heeft met zijn pijlbewegingen kunnen in de volgende drie kernkwadranten worden samengevat.

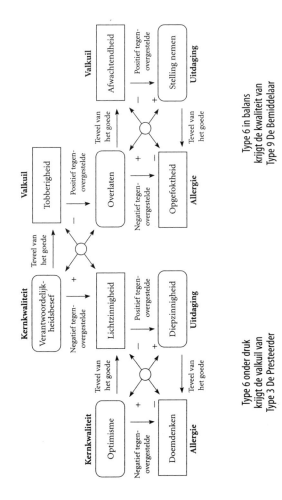

Type zeven
De Optimist

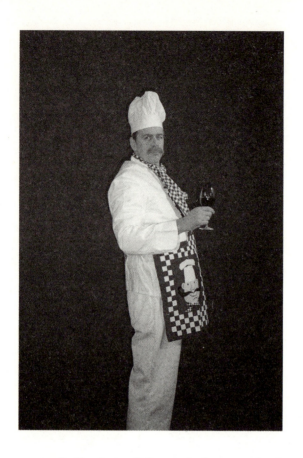

Durf zelf toch eens de krenten in de pap van het leven te schieten. Ja toch? Ik ben misschien een rare vogel, maar je moet me maar nemen zoals ik ben. Onze lieve Heer heeft ons echt niet voor niets een neus en smaakpapillen gegeven. Gebruik ze dan ook. Er is zoveel te ontdekken, maar je moet je er natuurlijk wel voor open stellen. Ik heb mijzelf nog nooit verveeld, ik zit boordevol plannen. Ik ben altijd op zoek naar nieuwe uitdagingen.

Type ❼ De Optimist

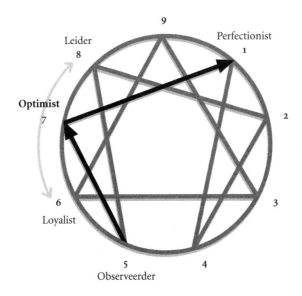

Globale beschrijving van een zeven

Van nature ben ik een optimist, ik zie overal de zonnige kant van en geniet van het leven. Ik heb een zeer actieve geest, die snel heen en weer springt tussen verschillende ideeën. Ik ben vrolijk als ik maar kan doen wat ik wil en sta altijd open voor nieuwe ideeën. Ik leg me moeilijk vast, omdat ik me niet graag beperk. Het is voor mij belangrijk een groot aantal opties te hebben.

Ik loop het liefst met een grote boog om pijn heen. Wanneer ik iets niet meer leuk vind, vind ik het moeilijk om mijn aandacht erbij te houden. Liever bedenk ik dan weer iets nieuws. Ik zeg meestal wat ik denk en dat kan me weleens in moeilijkheden brengen. Ik ben een generalist en houd ervan ideeën en informatie te bundelen tot een geheel.

Gedetailleerde beschrijving van een zeven

Ik heb overal plezier in, ik wil graag genieten van het leven. Ik vind het leuk te bestuderen hoe mensen op elkaar inwerken. In alles probeer ik het goede te ontdekken. Van aard ben ik optimistisch, vrolijk en speels. Ik heb het gevoel dat alles mogelijk is in het leven. Er zijn altijd nieuwe keuzes. Ik word niet graag vastgepind op iets. Me ergens aan binden is moeilijk voor me. Daarmee moet ik het gevoel van een onbegrensde toekomst opgeven.

Ik heb een honger naar nieuwe ervaringen. Ik loop het gevaar mijn ogen te sluiten voor de pijnlijke kanten van het leven. Een van de manieren om daar van weg te lopen is mijn hartstocht om plannen te maken. Alles is mogelijk in mijn geest. Ik ben er minder goed in om mijn plannen in daden om te zetten. Ik begin wel aan iets, maar maak het niet altijd af. Ik doe veel dingen tegelijk en door elkaar. Toch houd ik het overzicht. Ik heb heel veel hobby's. Ik heb de neiging van de hak op de tak te springen en daarmee blijf ik wel een beetje aan de oppervlakte.

Ik vind dat alles leuk moet zijn. Waarom zou je somber

zijn, het leven is een groot feest. Ik geef overal een positieve wending aan. Wat pijnlijk en zwaar is, wil ik zoveel mogelijk vermijden. Ik houd de dingen graag licht. Met mensen in moeilijkheden weet ik niet goed raad. In eerste instantie zal ik proberen ze op te vrolijken en ze te helpen, omdat ik niet wil dat ze moeilijke dingen ervaren. Ik vind het gewoon fijn als iedereen gelukkig is. Pijn vind ik onprettig en eigenlijk wil ik dat ook voor anderen omzeilen. Verhalen vertellen kan ik als de beste en ik geniet van woordspelingen. Ik ben een beetje woordkunstenaar en kan met woorden heel vaak mijn zin krijgen.

In mijn levensvisie ga ik er van uit dat de wereld vol is met opwindende mogelijkheden, concepten en ervaringen. Het is mijn missie deze te verkennen.

De belangrijkste waarden waar ik voor sta zijn avontuur en plezier. Mijn overtuiging is dat optimisme en enthousiasme binnen een organisatie de drijvende krachten zijn. In mijn gedachten spelen steeds de vragen: is het leuk hier; wat valt er te beleven? Al mijn aandacht is gericht op actie, opwinding, positieve toekomstmogelijkheden, opties en relativeren van informatie. Mijn zelfbeeld is dat ik gelukkig ben.

Mijn primaire drijfveer is dat ik blij wil zijn, gelukkig en tevreden. Mijn secundaire drijfveren leiden er toe dat ik steeds zal trachten:
- pijn, ongemak en angst te vermijden;
- me te amuseren en plezier te hebben;
- mijzelf geen beperkingen op te leggen;
- te krijgen wat ik hebben wil;

- angst te onderdrukken door bezig te blijven;
- toe te geven aan impulsen en weg te vluchten voor angst.

Mijn angst is dat ik incompleet ben. Vandaar waarschijnlijk mijn verlangen om zoveel mogelijk te ervaren en zo compleetheid te bereiken. Ik wil in ieder geval niets leuks missen.

Ik focus daarom op voldoening en innovatie. De kleur die bij mij past is groen (vitaal, vreugdevol, gezond en welvarend). Mijn favoriete leiderschapsstijl is de Aanvoerder of Toejuicher.

Geen wonder dat ze mij ook wel de levensgenieter, generalist, avonturier of dromer noemen.

Kernkwaliteiten van een zeven

De positieve eigenschappen van mij zijn dat ik optimistisch, creatief, enthousiast, speels, vindingrijk, opwindend, onderhoudend, stimulerend, sprankelend, slim en levenslustig ben. Mijn kernkwaliteiten zijn: spontaniteit, charme, nieuwsgierigheid en luchthartigheid.

Minder gezonde kanten van een zeven

De minder positieve eigenschappen van een ZEVEN zijn dat hij oppervlakkig, afgeleid, impulsief, warrig en dagdromerig kan zijn; soms ook onverantwoordelijk, onbetrouwbaar, onrealistisch of narcistisch. Hij is allergisch voor klagen en gelimiteerd worden. Onder zijn optimisme is nogal eens mateloosheid voelbaar. Wat hij vermijdt is pijn en waar hij dwangmatig in kan zijn, is denken dat hij geniaal

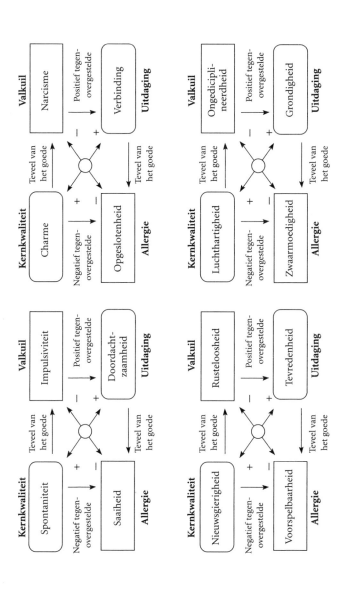

is. Zijn verdedigingsmechanisme is rationalisatie. Dat betekent dat hij overal een andere – een positieve – betekenis aan geeft. Zo voorkomt een ZEVEN dat hij zich bewust wordt van zijn pijn.

De Optimist onder druk of stress heeft de neiging de minder positieve eigenschappen van de Perfectionist te gaan vertonen. Opvallende gedragsveranderingen kunnen zijn dat hij cynisch wordt en zich gaat focussen op imperfectie. Dat kan van hem een kritische, intolerante slavendrijver maken die star, veeleisend en boos is. Het tegengif dat hem het meest zal helpen om ingesleten patronen te doorbreken is soberheid.

Vleugels van een zeven

Is bij een Optimist de ZES-vleugel dominanter, dan is hij loyaler, innemender, verantwoordelijker en behoudender, doordat hij iets meer piekert. Een sterkere ACHT-invloed, maakt een Optimist uitbundiger, daadkrachtiger, agressiever, prestatiegerichter, impulsiever en meer gericht op plezier.

Een zeven op zijn best

Wat een Optimist een gevoel van vervulling geeft is het maken van leuke toekomstplannen. In ontspanning heeft de Optimist toegang tot de positieve eigenschappen van de Observeerder. Hij is in staat bij een of twee dingen te blijven, zich te beperken. Hij kan de tijd en rust nemen een diepere betrokkenheid bij mensen en ideeën te ervaren. Andere veranderingen kunnen zijn dat hij meer soberheid en diepgang ontwikkelt. Hij wordt filosofischer, nieuwsgieriger, scherpzinniger en hij observeert meer. Dat leidt tot minder versnippering en meer afstand om ervaringen te verwerken.

In zijn werk heeft hij geleerd zijn enthousiasme voor een te grote hoeveelheid projecten een beetje te temperen. Hij concentreert zich op minder taken tegelijkertijd. Hij leert onplezierige zaken onder ogen te zien en daarmee beter om te gaan. Hij balanceert zijn creatieve en innovatieve geest door praktische en realistische stappen te zetten om projecten af te ronden. Een ZEVEN kan aanwezig zijn bij alles wat er is: het goede en het slechte, het plezier en de pijn. Hij doet wat waarde heeft. Hij leert in het hier en nu te blijven, en zijn behoefte om zichzelf in een leuke toekomst te zien te weerstaan. Hij doet wat hij doet, in plaats van dagdromen. Situaties worden niet mooier gemaakt wanneer hij de realiteit onder ogen ziet en hij leert zijn boosheid te uiten.

Op zijn best stimuleert de Optimist zijn teamleden enthousiast te zijn over hun werk. Ook al heeft een ZEVEN een hekel aan confrontaties en het afdwingen van beslissingen, hij kan goed samenwerken met teamleden die anders zijn. Het optimisme van de ZEVEN schept een positief klimaat en zijn inspiratie om de positieve kanten van uitdagende taken te zien, pept het moreel op. Zijn onderzoek naar nieuwe ideeën en alternatieve manieren stimuleert medewerkers innovatieve strategieën te leren en zich aan te passen aan verschillende omstandigheden.

Een gezonde ZEVEN heeft geleerd om bij één ding te blijven en zich te committeren.

Kernkwadranten en pijlbewegingen van een zeven

De relaties die een ZEVEN heeft met zijn pijlbewegingen kunnen in de volgende drie kernkwadranten worden samengevat.

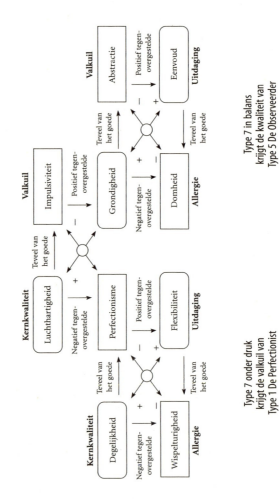

De Leider *Type acht*

Ik ben streng, maar rechtvaardig. Er zijn maar weinig mensen die mij echt kennen, en die mensen weten mij te waarderen. Ik kom nogal eens hard over. Maar laat ik vooropstellen dat er niemand harder is voor zichzelf dan ik zelf.
Als er beslissingen genomen moeten worden, knopen moeten worden doorgehakt dan moet je ook hard durven zijn. Zachte heelmeesters maken stinkende wonden.

Type ❽ De Leider

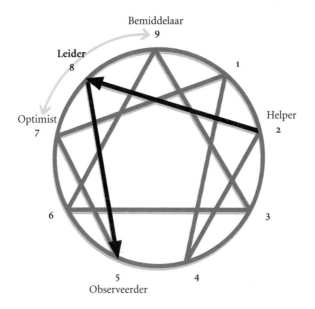

Globale beschrijving van een acht
Ik ben energiek en actiegericht. Ik benader dingen op een alles-of-niets-manier. Ik vind het belangrijk om sterk, eerlijk en betrouwbaar te zijn. Door mijn duidelijkheid weet je wat je aan me hebt. Ik vertrouw bijna niemand. De paar mensen die ik vertrouw, hebben bewezen dat ze mijn vertrouwen waard zijn. Ik heb moeite met mensen die erom-

heen draaien, ik voel wanneer iemand niet echt is. Dat steek ik dan ook niet onder stoelen of banken. Ik houd van opwinding en uitdaging. Ik neem niet graag bevelen aan, al helemaal niet van mensen die ik niet respecteer. Ik volg liever mijn eigen wil en heb zelf het heft in handen. Ik word gemakkelijk boos en uit dat direct. Dan ben ik het ook wel weer snel kwijt. Ik kan niet tegen onrecht. Wanneer ik zie dat iemand een zwakkere onrechtvaardig behandelt, dan kom ik voor de zwakkere op.

Gedetailleerde beschrijving van een acht

Ik ben sterk, ik kan alles. Ik ben voor niets bang. Zeker niet als ik me vergelijk met anderen. Ik zie het als een uitdaging om te laten zien dat ik het wel alleen kan klaren. Onafhankelijkheid sla ik hoog aan. Ik geniet van de confrontatie. Ik ben een vechter, me overgeven doe ik nooit. Daarbij ga ik niet zo fijngevoelig te werk. Mijn woordgebruik is bepaald niet gepolijst. Als ik twijfel laat ik dat niet merken. Door anderen beheerst worden, sta ik niet toe. Macht en controle spelen een grote rol in mijn leven. Ik ben toch wel graag de baas. Er komt vechtlust in me op als ik voel dat iemand sterker is of meer macht heeft dan ik. Weet wel, dat achter mijn sterke, harde buitenkant een kwetsbare, zachte kern ligt. In mij woont een klein kind, dat naar tederheid verlangt. Maar ik durf die zachte kant maar aan een paar mensen te laten zien. Bij kinderen voel ik me op mijn gemak.

Ik kom op voor waarheid en recht. Ik heb de neiging anderen de schuld te geven als iets fout loopt. Overtuigd van mijn eigen gelijk, kan ik de opinies van anderen van tafel vegen. Ik heb een sterk gevoel voor rechtvaardigheid, maar neem makkelijk het heft in eigen hand. Er kan dan begripsvernauwing optreden. Mijn waarheid wordt dan dé waarheid. Wat anderen zeggen of menen bestempel ik als onzin. Ik kan gemakkelijk voor eigen rechter gaan spelen en uitmaken wie goed is en wie slecht, wie beloond en wie bestraft moet worden. Bovendien heb ik de neiging om het met regels en wetten niet zo nauw te nemen. Die maak ik zelf. Maar ook hier ben ik een harde rechter voor mezelf, als ik fout ben geweest.

Vriendschap betekent veel voor me. Ik investeer daar veel in. Makkelijk ben ik niet, omdat ik veel vraag. Ik ben niet scheutig of oppervlakkig in tekenen van genegenheid. Ik kan helemaal niet tegen plakkerige mensen, ik voel me bij hen onbehaaglijk.

Ik reageer heel instinctief en direct. Zonder na te denken kan ik ergens inspringen. Ik ga dan op mijn gevoel af. Zo als ik het voel en beleef, zo uit ik het ook. Ook heb ik moeite met mensen die bang zijn om voor de dag te komen. Als ik niet oppas laat ik ze door mijn opmerkingen nog verder in hun schulp kruipen.

Ik ben een hartstochtelijk mens. Dat blijkt ook uit mijn spreken over mensen en dingen. Mijn hele lichaam is daarbij betrokken. In mijn lichaam wordt zichtbaar wat ik voel. Intensief, met overtuigingskracht en energiek treed ik anderen tegemoet. Anderen kunnen het gevoel krijgen van mij geen ruimte te krijgen.

Ik heb een grote dosis energie. Meer dan de meeste anderen, heb ik ontdekt. Als ik met iets bezig ben of me amuseer, dan weet ik van geen ophouden. Ik ga recht op mijn doel af. Je weet bij mij precies waar je aan toe bent. Ik ben op zoek naar mijn plaats binnen het geheel. Ik probeer graag mensen uit om te kijken hoe ze reageren. Mensen moeten zelf maar hun grenzen aangeven en 'stop' zeggen. Ik voel aan waar de zwakke plekken van mensen zitten. Natuurlijk probeer ik hen daarmee uit hun tent te lokken om hun reacties te krijgen. Ik neem de leiding als niemand anders dat doet. Ik geef graag orders. Ik ga ervoor, hoe lastig een situatie ook is. Ik respecteer kracht in anderen. Ik ben gek op uitdagingen. Oud en ziek zijn is lastig, dan ben ik afhankelijk. Dat sta ik niet toe. Eigenlijk heb ik een heel klein hartje; als je dat raakt, mag je bijna alles.

Ik kan mij gemakkelijk door mijn emoties laten meeslepen en degenen van wie ik het meest van houd, kwetsen. Maar je moet weten dat ik ook heel boos op en hard kan zijn voor mezelf. Als mij onrecht is aangedaan, kom ik direct in actie om daar iets aan te doen. Wraak nemen is wat te sterk gezegd, maar het kan er dichtbij komen.

Ik kan mij inwendig heel onrustig voelen, ik heb ruimte nodig. Als ik niet ergens lekker mee bezig ben, word ik ook onrustig. Dan ga ik me vervelen. Mijn energie en onrust maken me soms onmatig: te veel, te lang, te laat. Me durven overgeven, dat is de weg die ik moet gaan. Niet steeds hoeven winnen en de sterke zijn. Een hechte, intieme relatie kan mijn hart openen en de zachte, kwetsbare kant aan de oppervlakte laten komen. Ik leer dan dat overgave geen verlies inhoudt.

In mijn levensvisie ga ik er van uit dat de wereld onrechtvaardig is. Ik verdedig de zwakkeren, ontmasker bedriegers en stel onrecht aan de kaak. De belangrijkste waarden waar ik voor sta zijn onafhankelijkheid en invloed.

Mijn overtuiging is dat autoriteit en macht de belangrijkste drijfveren binnen een organisatie zijn. In mijn gedachten spelen steeds de vragen: wie of wat vormt een bedreiging voor mij, waar ligt de macht? Al mijn aandacht is gericht op macht, dominantie en mogelijk verlies van controle.

Mijn zelfbeeld is dat ik sterk ben. Mijn primaire drijfveer is dat ik vol vertrouwen ben en op mijzelf kan vertrouwen. Mijn secundaire drijfveren leiden er toe dat ik steeds zal trachten:
- te voorkomen dat ik mij moet onderwerpen aan anderen
- de macht te hebben en mezelf te laten gelden
- op te komen voor mezelf en mijn mogelijkheden te bewijzen
- gerespecteerd te worden en de omgeving te domineren
- mijn zin te krijgen en door anderen gevreesd te worden
- onkwetsbaar te zijn.

Mijn angst is dat ik machteloos ben en mijn verlangen is dat ik de touwtjes in handen heb, situaties kan beheersen. Ik focus daarom op autoriteit en actie. De kleur die bij mij past is zwart/wit (duidelijk, absoluut, geen nuances).

Mijn favoriete leiderschapsstijl is de Leider of Bestuurder.

Geen wonder dat ze mij ook wel de baas, strijder, assertieveling of uitdager noemen.

Kernkwaliteiten van een acht

Positieve eigenschappen van mij zijn: krachtig, rechtvaardig, grootmoedig, autonoom, rechtschapen. Ik ben eerlijk, onafhankelijk, moedig, sterk, energiek en beschermend. Mijn kernkwaliteiten zijn: strijdlust, directheid, moed en gezag.

Minder gezonde kanten van een acht

De minder positieve eigenschappen van een ACHT zijn dat hij intimiderend, bot, egocentrisch en confronterend kan zijn, soms ook onverfijnd of ongevoelig, dominant en zelfs dictatoriaal of wraakzuchtig. Hij is allergisch voor hulpbehoevendheid en besluiteloosheid.

Onder zijn kracht en energie is een ondertoon van lust voelbaar. Wat hij vermijdt is zwakheid. Waar hij dwangmatig in kan zijn is vergelding. Zijn verdedigingsmechanisme is ontkenning. Het letterlijk wegblokken en ontkennen van kwetsbare gevoelens. Deze zijn dan gewoon (even) niet meer in het bewustzijn. Dit voorkomt dat een ACHT zich bewust wordt van zijn kwetsbaarheid en zijn zwakkere kanten.

De Leider onder druk of stress heeft de neiging de minder positieve eigenschappen van de Observeerder te gaan vertonen. Onder stress voelt de ACHT zich inferieur, dat maakt zijn persoonlijkheid kil en koud. Als strategie kiest

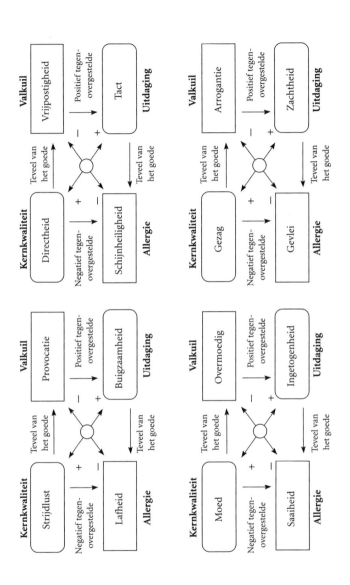

hij ervoor zich terug te trekken om na te denken. Hij kan dan onbenaderbaar en sociaal onvaardig zijn. Ook kan hij beschuldigend, vijandig en destructief gedrag gaan vertonen, afstandelijk worden, gaan piekeren en twijfelen. Op zijn slechtst is hij meedogenloos en vernietigt iedereen in zijn omgeving (zichzelf incluis). Het tegengif dat hem het meest zal helpen om ingesleten patronen te doorbreken is onschuld.

Vleugels van een acht

Een Leider met een ZEVEN-vleugel is extraverter, ondernemender, energieker, sneller en egocentrischer. Heeft een Leider meer NEGEN-invloeden, dan is hij rustiger, milder, vriendelijker, ontvankelijker en meer gericht op harmonie.

Een acht op zijn best

Wat een Leider vervulling geeft is om de touwtjes in handen te hebben en het leven te beheersen. In ontspanning heeft de Leider toegang tot de positieve eigenschappen van de Helper. Zo maakt het mededogen van de TWEE hem socialer, warmer en menselijker. Hij is behulpzamer en leert zich in anderen te verplaatsen, open te staan voor anderen en zorgzamer te worden. Hij is in staat zijn eigen zachte kanten te ervaren en toe te laten. Ook durft hij zich kwetsbaar op te stellen.

In zijn werk heeft hij geleerd zich bewust te zijn van zijn impact op anderen. Hij gebruikt zijn natuurlijke leiderskwaliteiten op een redelijke en verantwoordelijke manier en wordt hiervoor door zijn medewerkers gerespecteerd. Hij heeft de waarde leren kennen van harmonie door te bemiddelen tussen tegengestelde visies en consensus te bereiken, in plaats van zijn wil op te leggen. Een ACHT die geleerd heeft zijn kracht met compassie te temperen is pas echt machtig. Op zijn best balanceert een ACHT zijn kracht met zorg, behulpzaamheid en inspiratie. Hij zet zijn kracht in om anderen te helpen en is gevoelig en sensitief voor zijn eigen behoeften en die van anderen. Teamleden die oneerlijk worden behandeld kunnen rekenen op de steun van de ACHT. De Leider die zich in de positieve zin heeft ontwikkeld, staat in contact met zijn zachtere kanten en gevoelens. Hij durft zijn kwetsbaarheid toe te laten en leert zich meer te richten op anderen dan tegen hen te vechten. Hij laat anderen spreken, luistert meer, in plaats van steeds zelf aan het woord te zijn en klaar te staan met zijn mening. Hij krijgt vertrouwen in de motieven van anderen en kan beter delegeren.

Een gezonde ACHT heeft geleerd om zijn macht op de juiste manier en voor de juiste doelen in te zetten.

Kernkwadranten en pijlbewegingen van een acht

De relaties die een ACHT heeft met zijn pijlbewegingen kunnen in de volgende drie kernkwadranten worden samengevat.

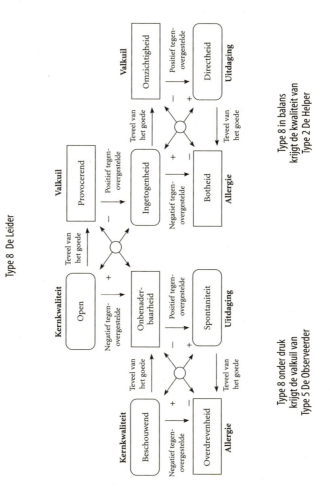

Type negen
De Bemiddelaar

*Als ik op tijd mijn natje en mijn droogje krijg, dan hoor je mij niet klagen. Nee, echt waar, ik ben een tevreden mens.
Ik sta nou al 42 jaar in de winkel, eerst alleen en de laatste 30 jaar met mijn vrouw en dat bevalt me nog steeds uitstekend.
Het is afwisselend werk hè, elke dag is toch weer anders. Ja, dat is toch wel mooi aan dit werk, die afwisseling. En als ik dan de winkel dicht doe dan is het tijd voor de duifjes, hè.*

Type ❾ De Bemiddelaar

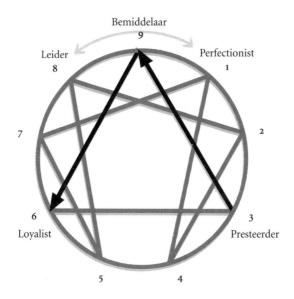

Globale beschrijving van een negen

Ik kan alle standpunten overzien. Ik houd niet van conflicten en leef volgens het motto: leven en laten leven. Problemen kan ik gewoon wegredeneren. Ik kan wat te gemakzuchtig zijn en te veel over mijn kant laten gaan. Soms kom ik besluiteloos over, omdat ik van alle opties de voor- en nadelen kan zien. Ik kan meestal met iedereen opschieten.

Ik heb een hekel om me te haasten of wanneer anderen druk op me uitoefenen. Ik vind het prettig als iedereen tevreden is. Ik heb vaak moeite om ergens aan te beginnen. Maar als ik eenmaal begonnen ben, dan blijf ik gaan. Wanneer ik het heel druk heb, heb ik de neiging mijn aandacht te versnipperen en onbelangrijke dingen te gaan doen.

Gedetailleerde beschrijving van een negen

Ik ga als vanzelf in iemand anders schoenen staan. Ik voel alles aan, alle verschillende standpunten. Bij discussies zal ik proberen de uiteenlopende meningen met elkaar te verzoenen. Dat maakt het voor mij soms wel lastig om te kiezen. Elke keuze slaat een deur dicht. Ook beslissingen over mijn eigen leven vind ik moeilijk. Vaak maak ik de reis naar binnen niet ten einde. Dan zeg ik tegen mezelf: laat maar zitten, we zien wel. Als ik echter mijn keuze gemaakt heb, dan laat ik me daar niet van afbrengen. Soms kom ik niet aan de dingen toe, omdat ik mijn energie versnipper. Geef mij keuzemogelijkheden, en dan vooral de dingen die ik niet wil. Ik weet vaak beter wat ik niet wil, dan wat ik wel wil. Kan ik schrappen. Eigenlijk is het ook allemaal wel goed, ik ben tevreden.

Intuïtief kan ik me heel goed in anderen inleven en beleven wat er in anderen omgaat. Het gevaar hiervan is dat ik soms meer bezig ben met wat anderen ervaren en verlangen, dan met mijn eigen innerlijk.

Bij conflicten heb ik de neiging me terug te trekken. Wanneer ik het niet eens ben met iets, toon ik dat soms indirect door weerspannigheid. Het gezegde 'wie zwijgt stemt toe' gaat voor mij niet op. Wanneer ik niets zeg, betekent dat zeker niet dat ik het ermee eens ben. Mensen doen er beter aan me te vragen wat mijn mening is. In een groep kan mijn zwijgen een machtig middel zijn. Ook kan ik vertragingstechnieken uitvoeren, als iemand haast heeft. Ik kan met grote koppigheid blijven ontkennen dat er conflicten zijn of dat er iets verkeerd is. Wanneer ik in beweging kom, kan ik me volledig voor iets inzetten.

Er leeft een sterke energie in mij en veel emoties. Toch ben ik meestal kalm en rustig. Althans uiterlijk. Ik besteed er nogal wat energie aan om de baas te blijven over mijn emotie. Ik zal mijn kwaadheid niet gauw uiten, maar als het gebeurt is het niet mis. Daarvan heb ik bijna direct weer spijt. Waarom laat ik me uit mijn evenwicht halen? Waarom maak ik me zo druk? Alle heftigheid in mij vlak ik af. Ik vind het wel prettig als m'n leven kabbelend verloopt.

Mensen die zich belangrijk vinden, vind ik belachelijk. Wat is er nou echt belangrijk? Onechtheid, opgeblazenheid en schijnvertoningen maken me bijna lichamelijk onwel. Ik breng graag alles tot zijn juiste proporties terug. Cynisme is me niet vreemd.

Groeien betekent voor mij de verantwoordelijkheid nemen voor mijn eigen leven. Niet de dingen op zijn beloop laten en wegzakken in een houding van: het doet er allemaal niet toe.

In mijn levensvisie ga ik er van uit dat alles goed komt als we kalm, vriendelijk en met elkaar verbonden blijven. De belangrijkste waarden waar ik voor sta zijn liefde en harmonie.

Mijn overtuiging is dat harmonie tussen mensen ervoor zorgt dat de organisatie goed loopt. In mijn gedachten spelen steeds de vragen: wat zijn de gezichtspunten van anderen en hoe kan ik daarmee één worden zodat er geen spanningen ontstaan?

Al mijn aandacht is gericht op mogelijke claims uit de omgeving. Mijn zelfbeeld is dat ik tevreden ben.

Mijn primaire drijfveer is dat ik in eenheid en harmonie met anderen wil leven. Mijn secundaire drijfveren leiden er toe dat ik steeds zal trachten:
– harmonie en vrede na te streven en te bewaren
– te bemiddelen bij conflicten en mensen samen te brengen
– dingen te bewaren en in stand te houden zoals ze zijn
– niet toe te laten dat ik door iets in de war gebracht word
– spanningen en conflicten uit de weg te gaan of te minimaliseren
– het bestaan van alles te ontkennen dat moeilijk te accepteren is of moeilijk is om mee om te gaan.

Mijn angst is dat ik ongeliefd ben en ik verlang naar liefde en geliefd te zijn. Ik focus daarom op overeenstemming, harmonie en routine. De kleur die bij mij past is goud (zoekend, vredig en harmonieus). Mijn favoriete leiderschapsstijl is de Verzoener.

Geen wonder dat ze mij ook wel de vredestichter, onderhandelaar, behouder of zelfs de heilige noemen.

Kernkwaliteiten van een negen
Positieve eigenschappen van mij zijn: geduldig, diplomatiek, goede onderhandelaar, geruststellend en tevreden. Ik kan bescheiden zijn, harmonieus, accepterend, bezadigd en nuchter. Mijn kernkwaliteiten zijn: verdraagzaamheid, rust, behoedzaamheid en ontvankelijkheid.

Minder gezonde kanten van een negen
De minder positieve eigenschappen van een NEGEN zijn dat hij uitstellend, snel afgeleid, saai, sussend, vergeetachtig en besluiteloos wordt. Hij is allergisch voor agressie en instabiliteit. Onder zijn diplomatie is nogal eens emotionele traagheid voelbaar. Wat hij vermijdt is conflicten en waar hij dwangmatig in kan worden is zich altijd maar aan te passen. Zijn verdedigingsmechanisme is zelfverdoving. Om gevoelens van kwaadheid niet te ervaren, laat een NEGEN zijn kwaadheid in slaap vallen. Hij vlucht weg in het doen van onbelangrijke dingen en het laten verwateren van zijn aandacht. Dit voorkomt dat een NEGEN zich bewust wordt van vervelende gevoelens in zichzelf en conflicten.

De Bemiddelaar onder druk of stress heeft de neiging de minder positieve eigenschappen van de Loyalist te gaan vertonen. Hij kan besluiteloos worden en achterdochtig. Ook kan hij zich overafhankelijk maken van regels en angstig worden. Een gestreste Bemiddelaar piekert, twijfelt veel en komt moeilijk tot actie. Het tegengif dat hem het meest zal helpen om ingesleten patronen te doorbreken is daadkracht.

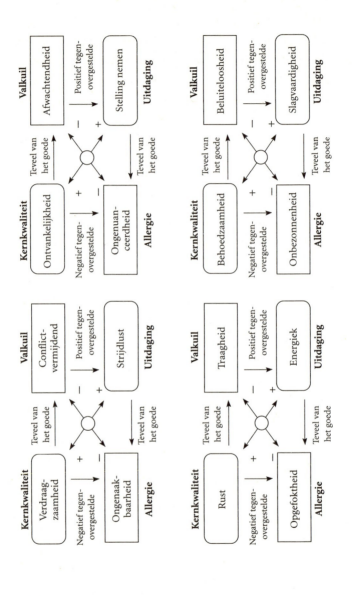

Vleugels van een negen
Een Bemiddelaar met een sterke ACHT-vleugel is extraverter, assertiever en meer anti-autoritair, daadkrachtiger en meer bereid het conflict aan te gaan. Een Bemiddelaar met een ÉÉN-vleugel is meer gericht op de dingen goed doen. Een sterke ÉÉN-vleugel maakt hem ordelijker, kritischer, formeler en meegaander.

Een negen op zijn best
Wat een Bemiddelaar een gevoel van vervulling geeft is als hij een bijdrage heeft kunnen leveren aan vrede en harmonie. In ontspanning heeft de Bemiddelaar toegang tot de positieve eigenschappen van de Presteerder. Wanneer hij zich zeker voelt kan hij zijn eigen gedachten en posities bepalen. Hij krijgt de energie om te handelen en hij kan conflicten op een constructieve manier oplossen. Hij wordt doelmatig, effectief, actief, motiverend en enthousiast. Hij kan beter prioriteiten stellen, keuzes maken en zichzelf presenteren.

In zijn werk zorgt een NEGEN voor eensgezindheid tussen verschillende mensen en meningen en vindt zo oplossingen die de meesten kunnen accepteren. Hij leert op zijn innerlijke kracht te vertrouwen door te confronteren en moeilijkheden niet uit de weg te gaan. Het ontwikkelen van zijn assertiviteit, en het uitkomen voor zijn eigen standpunten en plannen zijn belangrijke stappen. Hij heeft geleerd pro-actief te zijn in het stellen van doelen en prioriteiten en de juiste acties te nemen om het gewenste resultaat te bereiken.

Op zijn best bemiddelt hij constructief tussen conflicten terwijl hij zijn eigen standpunt handhaaft.

Zijn capaciteit om zich te identificeren met verschillende gezichtspunten maakt van hem een effectieve onderhandelaar. Taken worden opgedragen in duidelijke en gedetailleerde vorm. Omdat hij vindt dat een team in harmonie effectiever is, worden teamleden aangespoord in overeenstemming met elkaar te werken, in plaats van met elkaar te concurreren. Hij kan tegen zichzelf zeggen: ik ben succesvol.

Een gezonde NEGEN heeft geleerd te handelen vanuit een eigen positie.

Kernkwadranten en pijlbewegingen van een negen

De relaties die een NEGEN heeft met zijn pijlbewegingen kunnen in de volgende drie kernkwadranten worden samengevat.

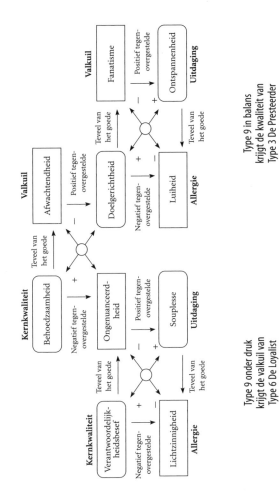

Test

Ontwikkelingsplannen

Gras

Kernkwaliteiten & Vervormingen

De CD-ROM

Een test

De statements zijn van toepassing op de negen enneagramtypes. Lees ze rustig door en geef de score aan. Denk niet te veel na. Je eerste ingeving is vaak de beste.

De scores geven een indicatie in hoeverre je eigenschappen vertoont van een enneagramgetal. Ook welke eigenschappen van types je niet of nauwelijks bij je zelf herkent. Het type met je hoogste score kan je basisgetal zijn. Dat hoeft niet. Naarmate je kennis van het enneagram toeneemt, ontdek je hoe het kan dat je hoog scoort op andere getallen terwijl deze toch niet je basisenneagramgetal zijn.

Het is gebruikelijk dat je van elk type wel iets herkent. De meest accurate manier van invullen is vanuit hoe je was als jonge volwassene. Zeker is dat het geval wanneer je veel aan persoonlijke ontwikkeling hebt gedaan. Wanneer je belangrijke veranderingen hebt doorgemaakt, is het belangrijk je te identificeren met degene die je was vóór deze veranderingen.

Onthoud dat geen een type beter of slechter is dan een ander. Het ideaal is de beste jij te worden die je maar kunt zijn. Wees wel eerlijk tegen jezelf bij het beantwoorden van de vragen en probeer niet iets te kiezen wat je zou willen zijn.

Hoeveel van een Perfectionist past bij mij?

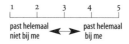

	Score
– Ik vind het belangrijk de dingen goed te doen	...
– Ik ben kritisch naar mezelf en anderen	...
– Ik moet veel van mezelf	...
– Ik hecht veel belang aan degelijkheid	...
– Ik laat me leiden door mijn principes en idealen	...
– Ik vind orde belangrijk	...
– Ik doe meer dan anderen van me verwachten	...
– Ik vind het heel vervelend tijd te verspillen	...
– Ik heb er last van dat de dingen niet zijn zoals ze moeten zijn	...
– Ik doe alles het liefst zelf, dan weet ik zeker dat het goed gebeurt	...
– Ik heb een soort innerlijk lijstje wat mag en niet mag	...
– Ik neem verantwoordelijkheid serieus	...
– Ik ben zeer gevoelig voor blijken van waardering, anders gezegd ik 'koester' deze	...
Totaalscore Perfectionist	... +

© 2000, Eclectica, Oudenbosch

Hoeveel van een Helper past bij mij?

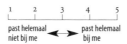

	Score
– Ik vind het moeilijk om nee te zeggen	...
– Ik heb de neiging het anderen naar de zin te maken	...
– Ik geef mensen graag advies	...
– Ik heb een sterke behoefte aan intimiteit	...
– Ik hecht belang aan mijn (uiterlijk) voorkomen en goede smaak	...
– Ik kan moeilijk met afwijzing omgaan	...
– Ik krijg een goed gevoel wanneer ik een ander kan helpen	...
– Ik leg meer nadruk op hoe ik me voel dan wat ik doe	...
– Ik ben een warme, vriendelijke persoonlijkheid	...
– Ik vind het moeilijk om iemand die belangrijk voor me is rechtstreeks af te wijzen	...
– Ik vind emotionele kwesties belangrijk	...
– Ik voel graag een band met mensen die belangrijk voor me zijn	...
– Ik heb de neiging te veel voor anderen te doen	... +
Totaalscore Helper	...

© 2000, Eclectica, Oudenbosch

Hoeveel van een Presteerder past bij mij?

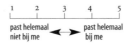

	Score
– Ik wil graag winnen	...
– Ik hecht grote waarde aan succesvol zijn	...
– Ik ben er goed in de dingen efficiënt te regelen	...
– Ik ben pragmatisch ingesteld; wat levert het me op is een belangrijke vraag voor me	...
– Ik ben een zelfbewuste doorzetter	...
– Ik kan me makkelijk aan elke situatie aanpassen	...
– Ik houd van erkenning	...
– Ik vind het belangrijk om een goede indruk te maken	...
– Ik word ongeduldig wanneer mensen niet zo snel gaan als ik wil	...
– Ik heb er een hekel aan wanneer iets dat ik doe niet werkt	...
– Ik kan mezelf zo identificeren met mijn werk of rol dat ik vergeet wie ik echt ben	...
– Ik vind het leuk wanneer mensen me bewonderen	...
– Ik kan moeilijk met falen omgaan	...
Totaalscore Presteerder	...

© 2000, Eclectica, Oudenbosch

Hoeveel van een Individualist past bij mij?

	Score
– Ik hecht veel waarde aan authenticiteit	…
– Ik voel me anders dan anderen	…
– Ik houd van diepgang, diepe thematiek (leven en dood)	…
– Ik voel me onbegrepen	…
– Ik verlang naar het onbereikbare	…
– Ik voel me aangetrokken tot alles wat intens is	…
– Ik richt me op de essentie van dingen	…
– Ik word heen en weer geslingerd tussen 'ups' en 'downs'	…
– Ik ben zeer gevoelig	…
– Ik doe de dingen graag anders, op mijn manier	…
– Ik heb een hekel aan alledaagse saaiheid	…
– Ik ben op zoek naar de zin van het bestaan	…
– Ik voel me aangetrokken tot symbolen	…
	——— +
Totaalscore Individualist	…

© 2000, Eclectica, Oudenbosch

Hoeveel van een Observeerder past bij mij?

	Score
– Ik trek mezelf terug wanneer ik te gevoelig word	...
– Ik heb een sterke behoefte aan autonomie	...
– Ik kan cynisch zijn	...
– Ik vind het vervelend wanneer anderen zich met mijn privé-zaken bemoeien	...
– Ik heb moeite om mijn gevoelens, emoties te delen met mensen.	...
– Ik heb veel tijd en ruimte nodig voor mezelf om na te denken	...
– Ik vind het belangrijk de dingen te begrijpen	...
– Ik vind het moeilijk te reageren wanneer ik iets niet begrijp	...
– Ik kan helder en logisch nadenken	...
– Ik houd mijn gevoelens het liefst voor mezelf	...
– Ik ben gierig met mijn tijd	...
– Ik word er weleens van beschuldigd afstandelijk te zijn	...
– Ik kan makkelijk mijn gevoel van tijd verliezen wanneer ik geconcentreerd bezig ben	...
	+
Totaalscore Observeerder	...

© 2000, Eclectica, Oudenbosch

Hoeveel van een Loyalist past bij mij?

	Score
– Ik vind het belangrijk om de dingen zeker te weten	...
– Ik heb een scherp oog voor dingen die mis kunnen gaan	...
– Ik heb een soort zesde zintuig voor het opsporen van gevaar	...
– Ik verafschuw dubbelzinnigheid	...
– Ik houd van duidelijkheid	...
– Ik vind loyaliteit erg belangrijk	...
– Ik weet graag alles om zekerheid te hebben	...
– Ik vind het belangrijk de juiste beslissing te nemen	...
– Ik ben graag zeker van mezelf voordat ik tot actie overga	...
– Ik heb graag een kader waar binnen ik werk	...
– Ik heb de neiging om te denken hoe de dingen mis kunnen gaan	...
– Ik ben voorzichtig omdat ik bang ben dat anderen me ten onrechte veroordelen	...
– Ik dek mezelf in tegen kritiek van anderen	...
	——— +
Totaalscore Loyalist	...

© 2000, Eclectica, Oudenbosch

Hoeveel van een Optimist past bij mij?

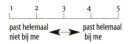

	Score
– Ik heb een hekel aan negativiteit	...
– Ik verwerk een verlies snel	...
– Ik houd niet van verplichtingen	...
– Ik ben met veel dingen tegelijk bezig en plan in de toekomst	...
– Ik heb een hekel aan routine als deze beperkend is	...
– Ik kan me een leven zonder opties niet voorstellen	...
– Ik verander makkelijk van mening wanneer ik een betere optie heb	...
– Ik kijk naar de zonnige kant van het leven, ik ben een geboren optimist	...
– Ik houd ervan verhalen te vertellen	...
– Ik ben een echte levensgenieter	...
– Ik wou dat mensen wat luchthartiger waren	...
– Ik ben moeilijk voor een gat te vangen	...
– Ik stop met iets wanneer ik het niet meer leuk vind om te doen	...

                                                     ――― +

Totaalscore Optimist   ...

© 2000, Eclectica, Oudenbosch

Hoeveel van een Leider past bij mij?

	Score
– Ik vind het belangrijk om sterk te zijn	...
– Ik heb de neiging te domineren	...
– Ik maak mijn eigen regels	...
– Ik sta mezelf niet toe zwak te zijn en mijn kwetsbaarheid te tonen	...
– Ik krijg wat ik wil	...
– Ik voel waar iemands zwakke plekken zitten	...
– Ik eis eerlijkheid	...
– Ik waardeer kracht in anderen	...
– Ik heb een aversie tegen op me uitgeoefende autoriteit	...
– Ik voel aan wie de macht heeft in een groep	...
– Ik kan heel goed voor mezelf opkomen en vechten voor datgene wat ik wil	...
– Ik ben graag eigen baas en houd ervan de dingen op mijn manier te doen	...
– Ik provoceer mensen om ze te testen, ze uit hun tent te lokken	...
Totaalscore Leider	+ ...

© 2000, Eclectica, Oudenbosch

Hoeveel van een Bemiddelaar past bij mij?

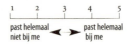

	Score
– Ik vermijd conflicten	...
– Ik bepaal graag mijn eigen tempo	...
– Ik vind harmonie belangrijk	...
– Ik houd van gezelligheid	...
– Ik vind het vervelend wanneer mensen uit mijn omgeving me opjutten	...
– Ik versnipper mijn aandacht en kan me daardoor soms niet goed concentreren	...
– Ik kan vele gezichtspunten innemen	...
– Ik heb moeite met eigen grenzen stellen	...
– Ik vind het vervelend wanneer iemand mijn rust verstoort	...
– Ik vind dat de meeste mensen zich te druk maken over dingen	...
– Ik word niet makkelijk boos	...
– Ik eis weinig van anderen	...
– Ik geef makkelijker iemand zijn zin dan dat ik een scène schop	...
Totaalscore Bemiddelaar	...

© 2000, Eclectica, Oudenbosch

De test kan een startpunt zijn om jezelf te ontdekken en te begrijpen. Zie de test dus als een indicatie, niet als een manier om je enneagramgetal vast te stellen. Daarmee ontneem je jezelf een interessant zoekproces.

Gebruik de uitkomsten van de test als een soort landkaart op de reis van je persoonlijkheid die je vertelt wie je bent, en die je ook kan helpen je partronen te zien en deze zo mogelijk los te laten.

Totaalscore
Perfectionist (blz. 142):
Helper (blz. 143):
Presteerder (blz. 144):
Individualist (blz. 145):
Observeerder (blz. 146):
Loyalist (blz. 147):
Optimist (blz. 148):
Leider (blz. 149):
Bemiddelaar (blz. 150):

Ontwikkelingsplannen

Zoals in het voorwoord al werd gezegd is ons doel om enerzijds het bewustzijn over jezelf te vergroten en anderzijds om dit bewustzijn om te zetten in concrete actiestappen. Vandaar dat de CD-ROM gericht is op het maken van een persoonlijk ontwikkelingsplan. Mocht je daar zin in hebben dan kun je de volgende negen stappen doorlopen die je ook op de cd-rom tegenkomt. Zie het maar als een soort hoofdstukindeling voor je persoonlijke ontwikkelingsplan, je POP.

HOOFDSTUK 1 *Waar kom ik vandaan?*
HOOFDSTUK 2 *Wat heeft me geholpen te worden wie ik ben?*
HOOFDSTUK 3 *Wie ben ik?*
HOOFDSTUK 4 *Waarom ben ik hier?*
HOOFDSTUK 5 *Wat is de rode draad in mijn leven?*
HOOFDSTUK 6 *Wat wil ik?*
HOOFDSTUK 7 *Wat geeft me energie?*
HOOFDSTUK 8 *Wat zijn mijn drijfveren?*
HOOFDSTUK 9 *Hoe pak ik het aan?*

HOOFDSTUK 1 *Waar kom ik vandaan?*

Hier richt je je op het verzamelen van zoveel mogelijk gegevens.

1 Persoonlijke gegevens
   - Personalia met persoonlijke gegevens.
   - Mijn nest; aantekeningen over de gezinssituatie waarin ik opgegroeid ben.
2 Geschiedenis
   - Baby-, peutertijd, lagere school; markante feiten tijdens de eerste 12 jaar van mijn leven.
   - Pubertijd en adolescentie; belangrijke feiten in de periode van 12 tot 21 jaar.
3 Nog verder terug
   - Herinneringen als foetus in de baarmoeder.
   - Herinneringen aan vorige levens?

Waarom is deze stap de eerste stap? Omdat type ÉÉN van het enneagram, de Perfectionist, houdt van grondigheid en gedegenheid. Hij begint altijd bij het begin, houdt zijn gevoel nog even buiten schot. Hij is zelfgedisciplineerd, georganiseerd, ordelijk en consciëntieus. Dus begint hij bij het begin met het verzamelen van feiten.

HOOFDSTUK 2 *Wat heeft me geholpen te worden wie ik ben?*

Hierin stel je jezelf de volgende vragen:

1 Mensen
   - Welke mensen in het verleden speelden een belangrijke rol in mijn leven tot nu toe?
   - Welke mensen zijn op dit moment belangrijk in mijn leven?
2 Ervaringen
   - Welke positieve ervaringen hebben bijgedragen te worden wie ik nu ben?
   - Welke pijnlijke of negatieve ervaringen hebben bijgedragen te worden wie ik nu ben?
3 Hulpbronnen
   - Welke kwaliteiten van mijzelf hebben me geholpen te worden wie ik nu ben?
   - Als je het idee hebt dat een onzichtbaar iets of iemand (een beschermengel?) je geholpen heeft, hoe heb je dat ervaren?

Waarom is deze stap de tweede stap? Omdat type TWEE van het enneagram, de Helper, geneigd is anderen te helpen en zich minder bezig te houden met wat hij nodig heeft. Hij is accepterend, behulpzaam, ondersteunend en zorgzaam. Wat een TWEE nodig heeft, is om stil te staan bij wat hem geholpen heeft. En wellicht nog belangrijker, hoe hij zichzelf geholpen heeft en kan helpen.

HOOFDSTUK 3 *Wie ben ik?*

Hier ga je op zoek naar je basiscentrum, je enneagramtype en je kernkwaliteiten. Het is tijd om wat dieper te gaan en op zoek te gaan naar wat jou uniek maakt.

Waarom is deze stap de derde stap? Omdat type DRIE van het enneagram, de Presteerder, zich vooral de vraag 'Wie ben ik?' zou moeten stellen. Hij is gedreven, doelgericht, competent, efficiënt en zeker van zichzelf. Hij heeft moeite met niets doen en heeft zozeer de neiging om altijd maar bezig te zijn, dat enige reflectie hem geen kwaad zou doen.

HOOFDSTUK 4 *Waarom ben ik hier?*

In deze stap ga je op zoek naar de zin van je leven, het waarom.

1 Missie
   - Wat is mijn missie in dit leven?
   - Wat heb ik in dit leven te doen?
2 Zingeving
   - Wat maakt mijn leven zinvol?
   - Wanneer zou mijn leven de moeite waard zijn?
3 Toegevoegde waarde
   - Wat is de toegevoegde waarde van mijn leven voor mijzelf en voor mijn omgeving?
   - Wat zou ik willen dat men op mijn begrafenis over mij vertelt?

Waarom is deze stap de vierde stap? Omdat type VIER van het enneagram, de Individualist, zich dit soort vragen altijd stelt. Hij is gevoelig, oorspronkelijk en creatief, en houdt van introspectie. Hij heeft een afschuw van het gewone, het alledaagse en is er steeds op uit alles diep te ervaren. Het gaat hem om authenticiteit en verbinding.

HOOFDSTUK 5 *Wat is de rode draad in mijn leven?*

In deze fase ga je op zoek naar samenhang, naar patronen in je leven door jezelf de volgende vragen te stellen:

1 Gebeurtenissen
   - Welke gebeurtenissen herhalen zich steeds in mijn leven?
   - Wat voor gebeurtenissen om mij heen raken me steeds opnieuw?
2 Patronen
   - Wat kom ik steeds opnieuw in mezelf tegen?
   - Welke les dient zich steeds opnieuw aan?
3 Ontwikkeling
   - Welke ontwikkeling zie ik?
   - Hoe ben ik in de loop der tijd veranderd?

Waarom is deze stap de vijfde stap? Omdat type VIJF van het enneagram, de Observeerder, ervan houdt om te analyseren. Door te begrijpen krijgt hij overzicht en dat geeft hem een gevoel van veiligheid. Want alles weten geeft zekerheid. Pas als hij iets snapt, kan hij handelen. Dat betekent dat hij veel nadenkt. Hij slaat alles op en tracht gegevens te ordenen. Voor hem moeten alle stukjes in elkaar passen. Hij zoekt steeds naar de sleutel om te kunnen begrijpen.

HOOFDSTUK 6 *Wat wil ik?*

Hier komt de vraag van de wil aan de orde. Wat zou je eigenlijk willen met jezelf, waar gaat je verlangen naar uit? Maak eens een verlanglijstje van wat je eigenlijk echt zou willen. Daar kunnen de uitdagingen van je enneagramtype, je vleugels en pijlbewegingen en je kernkwadranten je bij helpen.

Waarom is deze stap de zesde stap? Omdat type ZES van het enneagram, de Loyalist, vanuit een groot plichtsbesef de neiging heeft zijn aandacht naar buiten te richten op wat er allemaal mis kan gaan. Hij is waakzaam, serieus en fair, maar kan gaan twijfelen aan zichzelf en aan wat hij wil. Dan kan hij onzeker worden en zich vooral gaan richten op wat anderen van hem verwachten, in plaats van zelf te bepalen wat hij wil. De vraag 'wat wil ik?' is voor een ZES dus een uitdaging.

HOOFDSTUK 7 *Wat geeft me energie?*

Alvorens je je wensen om gaat zetten in acties en daden, kan het nuttig zijn je eerst af te vragen waar je zoal warm voor loopt. In deze stap gaat het om energie en enthousiasme. Waarvoor ben je bereid je in te spannen en je levensenergie in te zetten? Waarvoor stap je 's morgens je bed uit?

1 Passie
   - Waar loop ik warm voor?
   - Wat doet mijn hart sneller kloppen?
2 Plezier
   - Waar word ik enthousiast van?
   - Waar knap ik op af?
3 Energie
   - Wat zou ik voor geen goud willen missen?
   - Waarvoor ben ik bereid om offers te brengen?

Waarom is deze stap de zevende stap? Omdat type ZEVEN van het enneagram, de Optimist, altijd op zoek is naar opwinding en genieten. Hij heeft een zeer actieve geest, die snel heen en weer springt tussen verschillende ideeën. Hij is vrolijk als hij maar kan doen wat hij wil, en staat altijd open voor nieuwe ideeën. Speelsheid, sprankeling en levenslust horen bij hem, evenals spontaniteit, nieuwsgierigheid en luchthartigheid. Aan energie heeft hij geen gebrek.

HOOFDSTUK 8 *Wat zijn mijn drijfveren?*

Stap acht is de voorlaatste. Hierin ga je op zoek naar je drijfveren en je grenzen.

1 Motieven
   - Wat zijn innerlijke drijfveren om aan mijn ontwikkeling aandacht te schenken?
   - Wat zijn externe drijfveren om aan mijn ontwikkeling aandacht te schenken?
2 Waarden
   - Welke waarden zijn voor mij belangrijk?
   - Waarom zijn deze waarden zo belangrijk?
3 Grenzen
   - Wat zijn mijn grenzen?
   - Waar doe ik geen concessies aan?

Waarom is deze stap de achtste stap? Omdat voor type ACHT van het enneagram, de Leider, invloed en macht de thema's zijn waarmee hij bezig is. Hij is krachtig, onafhankelijk, strijdlustig en moedig. Zijn gezag wint aan kracht als hij leert zijn macht op de juiste manier en voor de juiste doelen in te zetten. Daarom zal hij zijn drijfveren moeten leren kennen om achter zijn ware motivatie te komen.

HOOFDSTUK 9 *Hoe pak ik het aan?*

Ten slotte is het aan de orde de inzichten en wensen om te zetten en te aarden in concrete actiestappen. Wat kan ik nu 'doen'? Hoe kan ik experimenteren en spelen met ander gedrag? Hoe ga ik mijzelf her-inneren aan al die inzichten in mezelf? Hoe gaat mijn omgeving daar iets van merken? In deze fase zijn zowel uiterlijke stappen als innerlijke stappen belangrijk. Uiterlijke stappen zijn de acties die je kunt ondernemen. Innerlijke stappen hebben te maken met omprogrammeren oftewel het omdraaien van belemmerende overtuigingen in affirmaties.

Waarom is deze stap de negende stap? Omdat type NEGEN van het enneagram, de Bemiddelaar, steeds probeert alle verschillende standpunten met elkaar te verzoenen. Hij is harmonieus, rustig en verdraagzaam. Dat maakt het lastig voor hem een standpunt in te nemen en zelf te kiezen. Elke keuze slaat een deur dicht. Om zijn besluiteloosheid te overwinnen is het belangrijk voor hem om een actieplan te maken en dit ook uit te voeren. Juiste actie!

Gras

'Het gras groeit niet harder door er aan te trekken.'

En daar zit je dan, met al die inzichten in jezelf. Het lijkt logisch je af te vragen: 'wat moet ik nu doen?' Veel mensen denken – nadat ze hun enneagramtype en kernkwaliteiten ontdekt hebben – dat ze hard aan hun uitdaging moeten gaan werken. Dus gaat de Bemiddelaar heel hard proberen een eigen positie in te nemen, of de Optimist probeert tevreden te zijn met één ding, alleen maar om te ontdekken dat hij steeds meer gefrustreerd raakt. Velen hebben hetzelfde gedaan. Vele mensen proberen hard aan zichzelf te werken en zichzelf te veranderen: een betere adviseur, leider, vader en echtgenoot te worden. Helaas – of misschien wel gelukkig – werkt het zo niet.

Je kunt wel veranderen, maar niet door hard aan jezelf te gaan werken. Het is namelijk veel moeilijker, alhoewel dat in eerste instantie niet zo lijkt. Op de een of andere manier houdt het 'hard werken aan jezelf' de illusie in stand dat een grotere inspanning een beter resultaat garandeert. Zo zijn we opgevoed, zo denkt vrijwel iedereen. Maar de wetten van groei en ontwikkeling werken anders. Groei laat zich niet dwingen, hoe hard je ook werkt. Groei laat zich wel stimuleren, maar heeft zijn eigen tempo. Dat geldt ook voor ontwikkeling.

Ergens in het verleden hebben we iets belangrijks vergeten of achter ons gelaten. Vanaf dat moment zijn er nog maar twee mogelijkheden: of je werkt hard aan jezelf, of je doet niets. Wat we vergeten zijn is de derde optie 'niet doen', wat iets heel anders is als 'niets doen'.

Niet doen wil zeggen dat je heel alert aanwezig bent, observeert en niet doet, maar het laat 'zijn'.

Zo ontstaan er drie stappen die innerlijke groei bewerkstelligen:

1 Word je bewust van de dynamiek die bij jouw type en jouw kernkwadranten hoort. Het werken met het enneagram en kernkwaliteiten helpt je te begrijpen wat er allemaal speelt. Zonder dit bewustzijn heb je geen idee waarom je doet wat je doet. In deze stap gaat het vooral om observeren.

2 De tweede stap is verantwoordelijkheid te nemen voor je innerlijke onbalans door onder ogen te zien dat je niet perfect bent en dat je niet alleen een type bent en kernkwaliteiten hebt, maar ook de schaduwkanten daarvan. Deze stap is moeilijker dan hij lijkt, omdat we vaak stiekem toch perfect willen zijn. Hier gaat het er vooral om in jezelf ruimte te maken voor imperfectie.

3 De laatste stap is niet alleen je onvolmaaktheden onder ogen te zien, maar deze ook te leren liefhebben en te omarmen. Dit is misschien wel de allerbelangrijkste en

moeilijkste stap voor elk mens. Het betekent namelijk pijn te accepteren als onderdeel van het leven. Het betekent met compassie en mededogen je eigen onbalans, schaduw, valkuilen, irritaties en de daaruit volgende destructiviteit te omarmen.

Op het moment dat je dat doet, heb je onmiddellijk toegang tot je uitdaging en tot de eigenschappen die bij de ontspannen pijlbeweging horen. Daar kun je niet aan werken, die kun je alleen maar krijgen door van jezelf te leren houden.
Anna Terruwe verwoordde dat ooit als volgt:

> *Jij mag zijn zoals je bent*
> *om te worden wie je bent*
> *maar nog niet kunt zijn*
> *en je mag het worden*
> *op jouw manier en in jouw tijd*

Deze liefdevolle houding naar je zelf, naar anderen, naar organisaties en naar de omgeving is wat we je toewensen.
Moge de kernkwaliteiten van jou en van het enneagram je helpen dit te bereiken.

BIJLAGE

Kernkwaliteiten en vervormingen

Kernkwaliteiten

aanwezigheid
aanpassingsvermogen
accuratesse
alertheid
alledaagsheid
altruïsme
aplomb
attentheid
baanbrekend
bedachtzaamheid
behoedzaamheid
behulpzaamheid
beleefdheid
bereidwilligheid
bescheidenheid
beschouwen
beweeglijkheid
bezieling
bezonnenheid
blijheid

bondigheid
buigzaamheid
confronteren
consideratie
correctheid
creativiteit
daadkracht
deemoed
degelijkheid
dienstbaarheid
diepzinnigheid
diplomatie
directheid
doelgerichtheid
doelmatigheid
doordachtzaamheid
duidelijkheid
eenvoud
eerlijkheid
effectiviteit

efficiëntie
empathie
enthousiasme
ernst
felheid
feitelijkheid
flexibiliteit
fijngevoeligheid
fijnzinnigheid
geaardheid
gedecideerdheid
gedegenheid
gedrevenheid
geduld
geestdrift
geestigheid
geleidelijkheid
generositeit
genuanceerdheid
gereserveerdheid
gevoeligheid
gewoonheid
gezelligheid
gulheid
grandeur
grenzen stellen
grondigheid
groothartigheid

grootmoedigheid
harmonie
hartstocht
helderheid
hoffelijkheid
hulpvaardigheid
humor
idealisme
ingetogenheid
initiatief
inlevingsvermogen
innovativiteit
inschattingsvermogen
inschikkelijkheid
invoelingsvermogen
kalmte
klaarheid
kracht
lankmoedigheid
losjes
loslaten
loyaliteit
luchthartigheid
luisteren
moed
nauwgezetheid
nederigheid
nijver

nuchterheid
observeren
omzichtigheid
onbaatzuchtigheid
ongekunsteld
ontspannen
ontvankelijkheid
onverdrotenheid
onverholenheid
openhartigheid
openheid
opgewektheid
oplettendheid
oprechtheid
optimisme
ordelijkheid
overlaten
plechtigheid
plooibaarheid
pragmatisme
praktisch
precies
proefondervindelijkheid
profilering
realisme
receptiviteit
rechtgeaardheid
relativisme

relaxedheid
resoluutheid
ronduit
royaal
rust
secuur
serieusheid
soberheid
sociabel
souplesse
spaarzaamheid
spontaniteit
standvastigheid
stelligheid
stijl
strengheid
striktheid
tact
tederheid
terughoudendheid
toegankelijkheid
toegeeflijkheid
toewijding
vastberadenheid
vastbeslotenheid
vasthoudendheid
veelzijdigheid
verdraagzaamheid

verlegenheid
vernieuwend
vertrouwen
vierkant
volgzaamheid
volhardendheid
voorkomendheid
vooruitstrevendheid
voorzichtigheid
vormelijkheid
vriendelijkheid
vrolijkheid
vrijgevigheid
waakzaamheid

weloverwogenheid
werkelijkheidszin
ijver
zachtheid
zachtzinnigheid
zakelijkheid
zelfbewustheid
zelfstandigheid
zelfverzekerdheid
zelfverantwoordelijkheid
zorgeloosheid
zorgvuldigheid
zorgzaamheid
zuinigheid

Vervormingen

- aanmatiging
- aarzeling
- achteloosheid
- achterdocht
- afstandelijkheid
- afwachtendheid
- angstvalligheid
- argeloosheid
- argwaan
- arrogantie
- bagatellisering
- banaliteit
- barsheid
- bedeesdheid
- behoudzucht
- bemoedering
- berusting
- besluiteloosheid
- betutteling
- bezetenheid
- botheid
- braafheid
- breedsprakigheid
- brommerigheid
- bruutheid
- buitenissigheid
- chaos
- conflictvermijdend
- conservatisme
- cruheid
- cynisme
- depressiviteit
- doelloosheid
- dominantie
- drammerigheid
- droogheid
- egocentrisme
- excentriciteit
- extravagant
- familiair
- fanatisme
- filantropisch
- fixatie
- frivool
- gelatenheid
- geklooi
- gekunsteld
- geobsedeerdheid
- geremdheid
- gesjoemel
- geslotenheid
- gierigheid
- grenzeloosheid
- grilligheid

grofheid
halfslachtigheid
halsbrekerij
hardnekkigheid
harteloosheid
hardvochtigheid
hebberigheid
hoogmoed
indirectheid
inefficiëntie
jaknikkerij
joviaal
karigheid
kilheid
klefheid
klitterigheid
koelheid
koppigheid
korzeligheid
krenterigheid
laisser-faire
lichtzinnigheid
lijdzaamheid
lompheid
lolbroekerij
losbolligheid
loslippigheid
luchtfietserij

manipulatief
meedogenloosheid
mierenneukerij
moedeloosheid
monomaan
muggenzifterij
naïviteit
nalatigheid
nonchalance
norsheid
nutteloosheid
onachtzaamheid
onbeleefdheid
onbenulligheid
onberekenbaarheid
onbezonnenheid
onderdanigheid
onderkoeldheid
onechtheid
ongeïnteresseerdheid
ongenaakbaarheid
ongenuanceerdheid
ongeremdheid
ongerichtheid
ongevoeligheid
onnauwkeurigheid
onnozelheid
ontzien

onverbiddelijkheid
onvermurwbaarheid
onverschilligheid
onzichtbaarheid
opdringerigheid
oppervlakkigheid
opgeblazenheid
opgefoktheid
opoffering
opschepperij
oubolligheid
overdrevenheid
pafferigheid
pamperen
passiviteit
perfectionisme
pessimisme
pietluttigheid
pietepeuterigheid
plakkerigheid
punaisepoetserij
rigiditeit
roekeloosheid
rommeligheid
rücksichtslosheid
ruwheid
saaiheid
schuchterheid

schijterigheid
schraalheid
sentimentaliteit
simplisme
slapheid
slijmerigheid
sloomheid
slordigheid
solistisch
somberheid
sponsachtigheid
starheid
stijfkoppigheid
stroperigheid
stugheid
taaiheid
tobberigheid
tomeloosheid
traagheid
treuzeligheid
trots
twijfelachtigheid
verkwisting
verwaandheid
vleierigheid
vluchtigheid
volgzaamheid
vrijpostigheid

wantrouwen
warrigheid
weerbarstigheid
weerspannigheid
weifelachtigheid
wegcijfering
wispelturigheid
zelfgenoegzaamheid

zelfzuchtigheid
zoetigheid
zouteloosheid
zwaarmoedigheid
zwartgalligheid
zweverigheid
zwijgzaamheid

De CD-ROM
De kernkwaliteiten van het Enneagram

DE CD-ROM *De kernkwaliteiten van het Enneagram* neemt je mee op reis. Een reis die je dichter bij jezelf zal brengen; een reis die kan uitmonden in een persoonlijk ontwikkelingsplan. De kaart die je onderweg gebruikt is het enneagram. De route van de reis bepaal je zelf, want je kunt verschillende kanten op. Je kunt beginnen met een reflectieve route vanuit nieuwsgierigheid of vanuit een vraag waar je mee worstelt. Je kunt ook alleen een drietal analyses doen of een compleet persoonlijk ontwikkelingsplan maken. De routes waarvoor je kunt kiezen komen voort uit het interne lijnenspel van het enneagram en de daarin besloten logica, kennis en energie.

De negen onderdelen die je in het programma zult tegenkomen zijn:
- Waar kom ik vandaan?
- Wat heeft me geholpen?
- Wie ben ik?
- Waarom ben ik hier?
- Wat is de rode draad in mijn leven?
- Wat wil ik ontwikkelen?

- Wat geeft me energie?
- Wat is mijn intentie?
- Hoe pak ik het aan?

Deze CD-ROM bevat onder meer vragenlijsten en een twintigtal video's om zicht te krijgen op je basiscentrum en je enneatype. Daarnaast worden uitdagingen gegenereerd aan de hand van het kernkwadrant en is er voor elk enneatype een multimediale verbeelding van de eigenschappen, kernkwaliteiten en valkuilen opgenomen.

De CD-ROM *De Kernkwaliteiten van het Enneagram* is zowel in het Engels als Nederlands verkrijgbaar bij de navolgende contactadressen en kost 225 euro (incl. btw).

De CD-ROM *Kernkwaliteiten en het Kernkwadrant* is voor 90 euro (incl. btw) verkrijgbaar bij Kern Konsult of in de boekhandel (ISBN 90 76382 02 6), eveneens in het Engels en Nederlands.

Tevens is er een videoband verkrijgbaar met elk van de negen enneatypes gespeeld door Jur van der Lecq.

Contactadressen

Rita van der Weck
Eclectica
Enneagramtrainingen
Entstraat 29
4731 XH Oudenbosch
tel 0165 313952
fax 0165 520533
e-mail spunk@wxs.nl
site www.eclectica-enneagram.nl
Voor trainingen in het
Enneagram kunt u contact
opnemen met Eclectica.

Marc van Seters
Isis 2000
Multimedia, concept en
advies
Bilderdijkstraat 129
2513 CN Den Haag
tel 070 3602172
e-mail isis2000@casema.net

Theo van der Meent
TMC Consultancy
Bonkelaar 94
3642 CP Mijdrecht
tel 0297 273240
e-mail secrdrv@tref.nl

Daniel Ofman
Core Quality
Lindelaan 14A
1405 AK Bussum
tel 06 53819851
fax 035 6922626
e-mail daniel.ofman@gmail.nl
site www.corequality.nl
Voor trainingen in Kern-
kwaliteiten kunt u contact
opnemen met Core Quality.